超
高齢社会の
まちづくり

後藤 純 著

地域包括ケアと
自己実現の
居場所づくり

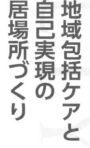

JN093238

学芸出版社

はじめに

○ これから 20 年で起きること

　2025 年に、団塊世代（1947〜1949 年生）が後期高齢者になり、人口の 2 割が 75 歳以上（後期高齢者）になる。人によっては有給の仕事を継続していたり、これまでの暮らしの延長線上で生活できている人は多い。しかし何かしらの病気とは付き合いながら、そろそろ免許返納も迫られる頃である。2030 年頃から、徐々に要介護状態の高齢者が増えていく。調理やトイレなどの身の回りのことは自分でできるが、通院したり、買い物に出かけたり、一人で入浴したりといった活動に、ケアが必要となる。

　2035 年頃が、男性高齢者の介護・看取り需要が高まる頃となる。「そろそろ老人ホームに入れば安心」と思うが、皆がそう考えるわけで、病院・施設の容量とケアを担う人材が足りない。85 歳以上人口は 1000 万人を超える。2040 年頃に、男性の死亡数最頻値を迎えるが、女性はまだピークに到達していない。団塊世代は人生 100 年まで、まだ 10 年近くある。ひと花もふた花も、自分らしい花を咲かせることは可能である（元気なおひとり様女性社会が到来する）。

○ 本書の狙い

　このような 20 年後を見すえて、超高齢社会対応のまちづくりを進めていくための勘所について、これまで筆者が取り組んできた実践と理念について皆さんと共有したい。特にこれからの高齢者層は、家族とは同居していない、そして自身を高齢者とは考えていない中堅所得層が多い。身体的機能や認知的機能の低下は否めないが、意欲をもって自分らしい暮らしをしたいと思っている。従来の弱者救済の視点を超えて、心身機能を衰えさせず（特に筋肉が重要）、いくつになっても自己実現が可能な新しいまちづくりのビジョンとモデルが必要となる。そろそろ高齢社会対策が必要だと思っていた方に、高齢当事者を含めて総力戦で取り組むヒントになれば幸いである。

○ まちづくり、コミュニティ活動のリーダーや専門家の方へ

　本書は、3 部構成である。Ⅰ部ではまちづくりのニーズ把握のために、高齢

者の不安を理解することの重要性について論じた。Ⅱ部では地域包括ケアシステムの理念と実際についてまとめている。Ⅲ部では地域包括ケアシステムを具現化する、フレイル予防と居場所、小規模多機能型サービスと住まい、高齢者の活動をつなぐ逍遥の拠点など、医療介護の先進事例と都市空間像についてまとめている。

　地域包括ケアは高齢社会対応のまちづくり政策である。まちづくりの専門家らは、都市計画・まちづくり制度だけでなく、地域包括ケア政策を取り入れて、中心市街地活性化や空き家対策、コンパクトシティやスマートシティ政策と協働していくと、住民の理解も得られ、活用できる地域資源・社会資源が増えて、実現性もあがると考える。

○　医療・看護・介護の専門職の方、地域包括ケアに携わる行政の方へ

　医療介護の現場では、地域包括ケアシステムの対応は報酬に関わる焦眉の課題である。社会的処方、高齢者の住まいと住まい方、支え合いのまちづくり、認知症に優しいまちづくり、これらを適正に進めるための地域マネジメントなど、多数のテーマがある。しかし実践例は多数あるものの、それを自分の地域で導入するためには、住民を巻き込み主体形成を図る技術などが不足している。本書では、住民を巻き込み、コミュニティのリーダー、まちづくりの専門家と連携して進めるための、ひいてはご自身がコミュニティのリーダーとなるための勘所を伝えたい。

○　協働のまちづくり

　高齢者は、一人ひとりが個性的で才能・特技・経験を有する人たちである。これまでのような固い組織をつくって近代的な機能化に励むだけでなく、小規模ではあるが多様な個人の意思を共感でつなぎ、しかし具体的な場所でカタチにできるまちづくりへと、発想を広げていくことが必要である。そのためには、当事者である住民を中心に、まちづくりの専門家、医療介護の専門職、コミュニティ活動のリーダー、行政の福祉部局、都市部局の担当者らが協働しなくては進まない。筆者の知見がたたき台となれば幸いである。

目　次

はじめに …… 3

Ⅰ部　団塊世代が変える高齢者像　　9

1章　超高齢社会とはどんな社会か ―――――― 10
在宅医療・在宅看取りが避けられなくなる

1　未曽有の経験 …… 10
2　人生 100 年時代 …… 12
3　ぴんぴんころりは、ごく少数 …… 14
4　医療介護需要の急増と避けられない在宅化 …… 16
5　次の 20 年で起きること …… 20

2章　高齢者はどんな人たちか ―――――――― 22
経済的余裕はあるが、迷える高齢者が増える

1　中堅所得層の高齢化 …… 22
2　高齢者のニーズ把握は難しい …… 24
3　施設と在宅、高齢者自身も本音がわからない …… 28

3章　高齢者の不安は何か ―――――――――― 30
自分らしく生きたいからこそ不安な時代

1　こんなに長く生きるつもりじゃなかった …… 30
2　不安の背景・時代の変化 …… 33
3　自己実現と不安はコインの裏表 …… 37

4章　不安を癒やす居場所 ―――――――――― 42
自分語りの場は自身でつくるしかない

1　孤独は悪か …… 42
2　自分らしさと不安 …… 45
3　自分の不安にこたえる居場所は自分語りの場 …… 46
4　自分の居場所は自分でつくるしかない …… 49

5章　現代的なつながり方とコミュニティ活動 ———————— 53
「つながりたいけど、しばられたくない」にこたえられるか

　　1　現代的な個人の居場所のつくり方 …… 53
　　2　現代的な個人のつながり方 …… 54
　　3　現代的な地域コミュニティの形 …… 58
　　4　まちづくりとして個人的な居場所を受けとめる …… 63

Ⅱ部　地域包括ケアシステムの理念と実際　　　　　67

6章　地域包括ケアシステムの理念 ———————————— 68
立場により異なる捉え方

　　1　社会保障のパラダイム転換 …… 68
　　2　立場で異なる地域包括ケアシステム──三つのイメージ …… 72
　　3　地域包括ケアシステムを取り巻く多様な視点 …… 76
　　4　求められるのは理念の整理とまちづくりとしての対話 …… 80

7章　地域包括ケアシステムを支える制度の実際 ——————— 83
施設から在宅へ、地域へ

　　1　病院医療の行方 …… 83
　　2　在宅医療とは …… 88
　　3　地域密着型サービス …… 91
　　4　在宅医療を含む地域包括ケアシステム …… 94
　　5　地域包括支援センターと地域ケア会議 …… 97

8章　進まぬ地域包括ケアシステム ———————————— 101
「やっぱり施設がいい」を超えるには

　　1　家族に頼りたいが…… …… 101
　　2　家族は施設に預けて安心したい …… 103
　　3　悪循環を断ち切るには？ …… 106

III部　当事者とともに創り出す高齢社会のまちづくりモデル 109

9章　フレイル予防とまちづくりの接点 ────── 110
歩くことと、人とつながることの効用

1　健康づくりと介護予防 …… 110
2　フレイル予防と社会参加 …… 113
3　健康づくりとまちづくりに関する興味深いエビデンス …… 117
4　要介護になりにくいまち？ …… 121

10章　介護保険制度とまちづくりの接点 ────── 124
少人数から柔軟な活用が可能

1　環境因子とまちづくり …… 124
2　自立支援型地域ケア会議 …… 127
3　新しい介護予防・日常生活支援総合事業 …… 130
4　生活支援体制整備事業 …… 132
5　対象となる多様な現代的ニーズ …… 136

11章　地域で暮らすために必要なサービスと場所 ────── 142
支援的（アシスティブ）な生活環境

1　みんなの自己実現を支える総合的まちづくり …… 142
2　家を売って老人ホームに入居するのは正しい戦略か …… 145
3　地域包括ケアと住まいの連携でできること …… 147
4　社会的交流・社会参加の場 …… 150
5　シニアの働く場所 …… 155

12章　歩けなくても愉しく暮らせるまちづくり ────── 160
拠点集中か地域分散か

1　コンパクトシティとニーズの乖離 …… 160
2　社会的サービスへのアクセシビリティの確保 …… 166
3　逍遥の拠点づくり …… 169
4　結果として浮かび上がるコンパクトシティ …… 172

終章　超高齢化を社会全体のチャンスに ———————————— 176

　　1　総合的なまちづくりに踏み切れない理由 …… 176

　　2　消費のアーバニズムから自己実現のアーバニズムへ …… 177

　　3　社会保障経済という考え方 …… 178

　　4　エイジフレンドリーシティのモデルを目指して …… 181

おわりに …… 185

Ⅰ部

団塊世代が変える
高齢者像

　自分らしく生きたいとみなが望むようになり、そして自分らしく生きられる時代となった。このような時代を切り拓いてきた世代が高齢者となった。しかし社会全体は〈弱って困った高齢者を支える福祉と現役世代の負担〉という固定観念にとらわれている。

　これを払拭すべく、1章では、超高齢社会の実相に関する基礎データを共有し、2章では、今後、世界の高齢社会対策は新しい価値観をもつ中堅所得層対策になることを解説する。ところで高齢者の真のニーズを把握し新しい価値を創造したいが、高齢者は自分の暮らしに自信を持てず不安を感じている。ニーズを引き出すには少し工夫が必要となる。3章では、高齢者の不安に着目し、一体どのようなもので、なぜ生まれたかを考える。不安は自己実現の機会の裏返しであり、不安を消すと自己実現へのニーズも消えてしまう。

　そこで4章では、不安を自己実現の機会に変える現代的なつながり方と居場所論について、5章では、そのような高齢者一人ひとりの居場所とニーズをつなぐコミュニティの姿を考える。

1章

超高齢社会とはどんな社会か

在宅医療・在宅看取りが避けられなくなる

▶▶▶ 1　未曽有の経験

■ 人口ピラミッドを読む

　団塊世代が後期高齢者になる 2025 年には、人口の約 30% が高齢者となる。人口ピラミッド（図1）を読み解くポイントは三つある。一つは、前期高齢者の割合は大きく変わらない。2010 年から 2025 年までは 12% 前後で横ばい、その後団塊ジュニア層が高齢者となり 2045 年頃に 15% まで上昇するが、2060 年頃には 13% 前後に落ち着く。

　二つ目は、後期高齢者の割合である。高齢社会といっても前期高齢者が多いのか、後期高齢者が多いのかでは意味合いが大きく違う。2010 年に 11% であった後期高齢者の割合は、2025 年には 18% となり、2045 年には 21% になる。さらに 2060 年には 27% と増加傾向である。後期高齢者になると身体機能・認知機能が低下するため、人口の約 2 〜 3 割が何かしら障害等を抱えているとの見方もできる。ただし、障害のある子供がいるご父兄がこの話をきいて、「いまよりも優しい時代になりそうで、未来は明るいですね」と話してくれたことがある。後期高齢者がどんどん街に出ていく時代は、それに合わせてノーマライゼーション[注1] が進む社会ともいえる。

　三つ目は、19 歳以下の人口が 2010 年の 17.9% から、2045 年には 14.6% まで低下することである。高齢者は増えるのに、若い世代が増えない社会。従来通りの政策を転換させる新しい発想が必要となる。

2 大都市圏で迎える未曽有の高齢者数の増加

いまからでも若い世代が増えれば問題はすべて解決するかというと、必ずしもそうではない。たとえば、日本の都市部では、若い世代の流入が多く、また子育て世代が多いので、高齢化率自体は低く抑えられている自治体もある。他方で、数でみれば圧倒的に高齢者が増えている。このような自治体は、高齢者対策も取らなければいけないが、同時に若い世代向けの対策も取らなければならない。都市規模別に 65 歳以上人口指数をみると、人口 5 万人未満（全市町村の約 7 割）では 2020 ～ 2025 年頃にかけて高齢者人口の増加が頭打ちになるのに対して、人口規模の大きい都市部はこれからもどんどん伸びていく。とりわけ 2035 年頃には、85 歳以上人口が 1000 万人を超える。これまでの地方都市における高齢者対策の延長では、対応が難しい。都市部の高齢化対策が重要となる局面にすでに入っている。

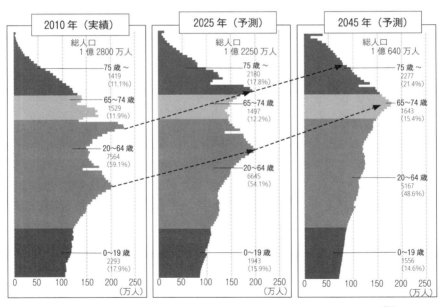

図 1 日本の人口ピラミッドの変化（出典：国立社会保障・人口問題研究所　人口ピラミッドデータ^{注2} をもとに著者作成）

▶▶▶ 2 人生 100 年時代

1 平均寿命と死亡数の最頻値

　まず平均寿命と、死亡数の最頻年齢との違いについて説明をしたい。まちで話をしていると、70 代後半の男性が、「男の平均寿命は 81 歳だから、俺ももうぼちぼちだよ」と笑いながら話している。本当にそうだろうか。2019 年日本人の平均寿命は、男性が 81.4 歳、女性が 87.5 歳である。ところが平均寿命とは、0 歳の人の平均余命のことである。今年誕生した男の子は、81.4 歳の時に約半分が生存しているということであり、正直言って今年 70 代歳後半の人が目安にするような年齢ではない。ライフシフト[注3]で有名な、リンダ・グラットン氏も、平均寿命ベースで人生 100 年が来るというお話であった。

　日本の平均寿命の推移は、内閣府の調査によれば（図 2）、1990 年から 2020 年の約 30 年間で、男性で 5.4 歳、女性で 5.7 歳伸びている。10 年間で約 2.2 歳延びている計算となる。よく知られている事実として、乳幼児期に男児が亡く

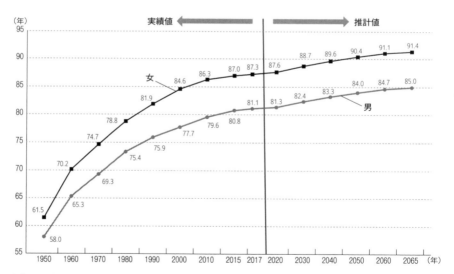

資料：1950 年は厚生労働省「簡易生命表」、1960 年から 2015 年までは厚生労働省「完全生命表」、2017 年は厚生労働省「簡易生命表」、2020 年以降は、国立社会保障・人口問題研究所「日本の将来推計人口（平成 29 年推計）」の出生中位・死亡中位仮定による推計結果
（注）　1970 年以前は沖縄県を除く値である。0 歳の平均余命が「平均寿命」である。

図 2　平均寿命の推移と将来推計（出典：内閣府『高齢社会白書』令和 4 年版[注4]）

なりやすい傾向があり男性の平均寿命を押し下げている影響がある。

　それでは高齢者は一体何を基準に自分の寿命の目安を考えればよいのか。一つは累積死者数である。10万人あたりの半分である5万人という「中央値」を取る年齢があり、これが男は約84歳、女が約90歳である。もう一つの考え方として、死亡数最頻値がある。各年齢の死亡者数の中で、その数が最大になるところである。死亡数最頻値によると、男性が87歳、女性が93歳と平均寿命に比べて、6年近く寿命が延びる（図3）。累積死者数も死亡最頻値も、全員がそこで亡くなるのではなく、半分が亡くなるという目安である。男性が87歳、女性が93歳を過ぎても、まだ半分は生存しており、それが私なのかどうかはわからない。事実上、人生100年を意識したまちづくりが求められているのである。

❷ 健康寿命

　長生きできればそれで良いわけではない。次に重要になるのが、平均寿命から寝たきりや認知症など介護状態の期間を除いた健康寿命である（図4）。日本では、この寝たきりの期間が欧米各国と比べても、長いことが知られている。

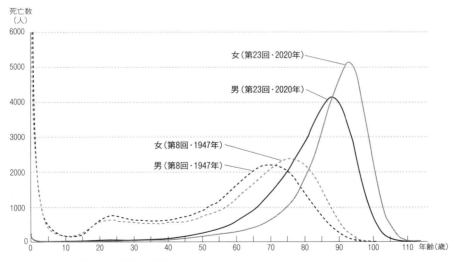

図3　10万人あたりの死亡数の推移（出典：厚生労働省「第23回生命表（完全生命表）」令和4年版の概況）

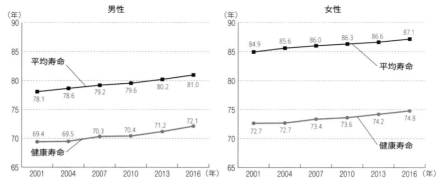

資料：平均寿命：平成 13・16・19・25・28 年は、厚生労働省「簡易生命表」、平成 22 年は「完全生命表」
　　　健康寿命：平成 13・16・19・22 年は、厚生労働科学研究費補助金「健康寿命における将来予測と生活習慣病対策の費用対
　　　効果に関する研究」、平成 25・28 年は「第 11 回健康日本 21（第二次）推進専門委員会資料」

図 4　健康寿命と平均寿命の推移（出典：内閣府『高齢社会白書』令和 4 年版）

その差は男性で約 8 年、女性で約 13 年である。男性は 72 〜 73 歳から、女性
は 74 〜 75 歳から身体的な機能が衰えていく。死亡数最頻値を基準に考えると、
約 15 〜 20 年は体の機能が低下しつつも暮らしていくことになる。

　本書では、いかにして健康寿命延伸にまちづくりが貢献できるか、そしてい
つか身体機能・認知機能が低下しても自分らしく・自己実現できるまちをつく
れるか、この二つが重要だと考えている。

▶▶▶ 3　ぴんぴんころりは、ごく少数

■ 日常生活動作（ADL）と手段的日常生活動作（IADL）にみる老化のパターン

　高齢者の老化というのは、どのように進んでいくのか。図 5 は東京大学高齢
社会総合研究機構の秋山弘子氏が、3 年ごとに 6000 人を 20 年以上追跡調査し、
我々がどう弱ってなくなっていくかを、モデル化したものである。

　縦軸は健康自立度で、横軸が年齢である。健康自立度は、日常生活動作と手
段的日常生活動作で評価される。日常生活動作（Activities of Daily Living）
とは、日常生活を送るために最低限必要な日常的な「起居動作・移乗・移動・
食事・更衣・排泄・入浴・整容」動作のことである。もう一つは、手段的日常
生活動作（IADL）である。「掃除・料理・洗濯・買い物などの家事や交通機

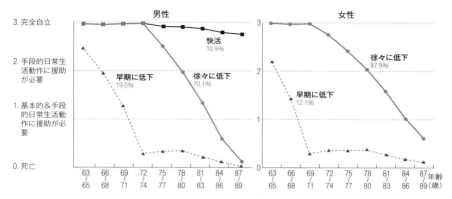

図5　高齢者の増加と老化のパタン（出典：秋山弘子（2010）注5）

関の利用、電話対応などのコミュニケーション、スケジュール調整、服薬管理、金銭管理、趣味」などの複雑な知的活動をともなう動作のことである。

　縦軸の「3. 完全自立」というのは日常生活動作（ADL）も手段的日常生活動作（IADL）も基本的に自立している状態、2. が手段的日常生活動作（IADL）が低下している、1. が二つとも低下している、0. が死亡である。

　男性はだいたい72、73歳から少しずつ身体機能・認知機能が虚弱化してくる。このような状態を、加齢に伴う「フレイル（虚弱）」と呼ぶ（9章参照）。この段階では、まだ元気で生活は自立的に営める。75歳を少し過ぎたあたりから手段的日常動作（IADL）が低下してくるので、これまで自力で病院に通っていた人たちが、バスを乗り継げなくなるとか、ATMでお金を下ろせなくなるとか、知的活動機能が衰えてできないことが増えていく。そして男性の場合83、84歳を過ぎたあたりで寝たきりになり、家族等の通院介助がなければ、自宅で暮せず入院となる。

② 現状はぴんぴんドロン

　住民と話をしていると、自分だけは「ぴんぴんころり」、誰にも迷惑をかけずに暮せると信じたい人が多い。しかし図5では男性の1割程度である。「みなさんの近所に、ぴんぴんころりの方はどのくらいいると思いますか？」と聞くと、「近所はみんな元気だよ」と答えてくれる。私は、これを「ぴんぴん、

ドロン」と呼んでいる。要するに元気な間に姿を見せているだけで、弱ったら家に住めないので、息子に引き取られたり、入院したりで、地域に顔を出さなくなる。我が街には元気な人しかいないのではなく、弱ってしまうと住めないだけである。「我が町は高齢化率が低い」というのは、要介護状態になると住み続けられないから高齢化率が低めに出ていることもある。いまはまだ施設等の受け入れ先があるが、今後は受け入れてもらえる施設もなくなり、ドロンもできなくなるのではないか。

　図5の63歳頃から急に弱っていくパターンは、いわゆる脳梗塞、心筋梗塞である。その背景にはメタボリックシンドロームがあり、ＡＤＬが急低下する。諸外国では「天に召された」と考えてこのまま亡くなるわけだが、日本の場合は体中に医療処置が施されて、救命措置が取られて、ベッドで寝たきりの時間が長いともいわれている。

　女性の場合は男性より緩やかに老化するために寿命が長いといわれている。他方で、変形性膝関節症や骨粗しょう症など、運動器に障害を抱えやすく、自力で病院等に通えなくなる。また女性の場合、認知機能が緩やかに低下しているため、普段は元気でも風邪をひいたとか、体調が悪いとき、自分で買い物に出かけて台所で調理をしてという生活の基本的なことが億劫になりやすい。これが3日、4日と続くと、食事がまともに取れないので、低栄養状態が進む。元気なときは、まだまだ自宅で頑張るぞと思うが、体調が悪くなるとどこか施設に入れて欲しいと後ろ向きになる。

▶▶▶ 4　医療介護需要の急増と避けられない在宅化

■1 医療需要・介護需要が急増

　日本医師会が地域医療情報システム（JMAP）注6 を公開している。たとえば、都心郊外の千葉県柏市では、介護需要は2030年に2020年の132％、医療需要は111％増となる。全国平均を上回る伸びである。柏市の場合は、2040年以降にまた介護需要が伸びる（図6）。すでに大都市圏の病院では、需要増で、MRI検査などは1か月ほど待たされることがある。他方で、地方都市においてはすでに医療需要や介護需要がピークアウトし始めている地域もある。気になる方

は、JMAP で確認してみるとよいだろう。

　もう一つ重要な指標として、死亡数がある。これから急激に死亡数が増えていく。平成元年（1989 年）頃に年間 80 万人だった死亡者数は、2040 年に年間

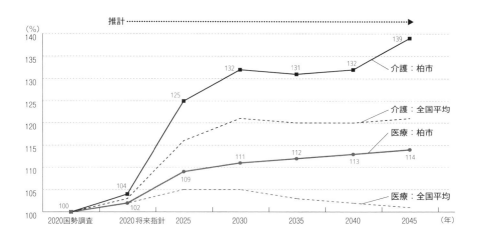

図 6　JMAP に基づく医療需要・介護需要の将来推計（出典：JMAP により著者作成）

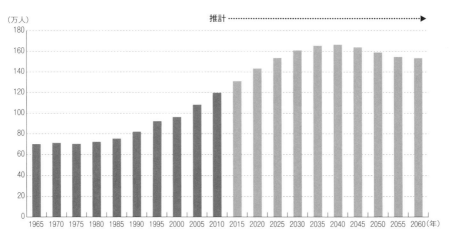

資料：2010 年以前は厚生労働省「人口動態統計」による出生数及び死亡数（いずれも日本人）
　　　2015 年以降は国立社会保障・人口問題研究所「日本の将来推計人口（平成 24 年 1 月推計）」の出生中位・死亡中位仮定
　　　による推計結果

図 7　死亡数の将来推計（出典：厚生労働省中医協総会参考資料 8、平成 29 年 3 月 15 日）

約160万人と2倍になる（図7）。2015年の130万人比で考えても、約1.23倍の需要増である。

2 要介護認定率の推計

要介護認定率については、令和元年度（2019年度）では、65歳以上（1号被保険者）を母集団とすれば、全国平均で18.3％と約2割程度である。内訳をみると、要支援1・2、要介護1・2、要介護3・4・5で約1/3ずつという割合である（図8）。

当然、年齢が上がれば認定率も上がる。2035年頃には、約1000万人以上が85歳以上となる。年齢階級別の要介護認定率を見ると、85歳以上全体の認定率は60.6％であり、一人当たり介護給付費は85歳以上で急増している。

3 認知症患者の増加

次に認知症患者の増加である。認知症患者の将来推計については様々なものがあるが、高齢社会白書では図9のように示されている。この資料によれば、2040年には800万～950万人と推計されている。軽度認知症（MCI）も含めれば、1000万人を超えるという推計である。2015年6月日本創成会議による「東京圏高齢化危機回避戦略」では、2025年に東京圏において介護施設が13万人

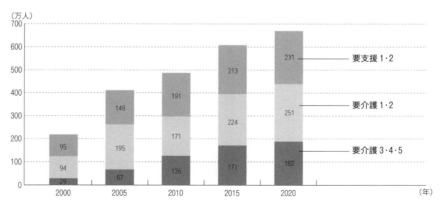

図8 第1号 被保険者（65歳以上）の要介護度別認定者数の推移（出典：『厚生労働白書』令和3年版資料編を基に著者作成）

分不足するという指摘があった。一方、2035年頃に、全国1000万人近い認知症の方を支えるには、地方都市に施設をつくって移住させている場合ではなく、今住んでいるまちを認知症が進んでも安心してお散歩（電動車椅子も含む）ができる（周りの人も理解して、見守ってくれる）、そのような地域包括ケアシステムをつくらないと間に合わないのではないか。

４ 在宅看取りも避けられなくなる

　日本人の死亡場所について、現在は病院で亡くなっている方が84％である。自宅で亡くなっている方は12％程度である（老人ホーム等を含む）。前述のとおり10年後、団塊世代が85歳をすぎたあたりで死亡者数がピークを迎えることになるので、この割合のままでは、病床を増やさなければならなくなる。しかし病床を物理的に増やすことはできても、ケアに当たる医師や看護師といった人材が急に増えるわけではない。また医療介護職を急激に増やしても団塊世

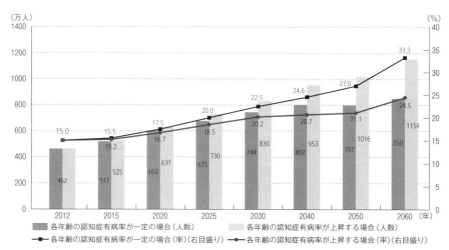

資料：「日本における認知症の高齢者人口の将来推計に関する研究」（平成26年度厚生労働科学研究費補助金特別事業　九州大学二宮教授）より内閣府作成。

長期の縦断的な認知症の有病率調査を行っている福岡県久山町研究データに基づいた。
■各年齢層の認知症有病率が、2012年以降一定と仮定した場合
■各年齢層の認知症有病率が、2012年以降も糖尿病有病率の増加により上昇すると仮定した場合
　※久山町研究からモデルを作成すると、年齢、性別、生活習慣（糖尿病）の有病率が認知症の有病率に影響することがわかった。本推計では2060年までに糖尿病有病率20％増加すると仮定した。

図9　65歳以上の認知症患者の推定者と推定有病率（出典：内閣府『高齢社会白書』令和元年版、第1章 第2節 3 高齢者の健康・福祉）

代のピークがすぎると、その人材は余剰となる。まちづくりに関心がある方なら、郊外住宅地を思い浮かべて欲しい。住宅が足りない、学校が足りないといって増やしたが、ピークを打った途端に空き家が増え、小学校が統廃合され、バス便が減る。まちのスクラップアンドビルドも問題であるが、人材のスクラップアンドビルドは次世代を路頭に迷わせることになり、社会的に不公正である。

▶▶▶ 5　次の 20 年で起きること

　ここでもう一度、次の 20 年で起きることを 5 年単位で整理してみる。2025 年に団塊世代が後期高齢者になり、人口の 2 割が後期高齢者になる。この頃、高齢世帯の約 6 割が独居もしくは夫婦のみ世帯であり、またこの半数が後期高齢者層である。75 歳を過ぎると、無病息災とは言えず、また免許返納も迫られるだろうが、人によっては有給の仕事をしていたり、これまでの暮らしの延長線上で生活できている人が多い。

　2030 年頃から、徐々に要介護状態の高齢者が増えていく。それでも重度の支援が必要な方というよりは、調理やトイレなどの身の回りのことは自分でできるが、通院したり、買い物に出かけたり、一人で入浴したりといった、知的な活動や万一の不安・リスクを伴う生活行為に、簡単な支援が必要になる人が増えてくる。

　2035 年頃が、男性高齢者の介護・看取り需要が高まる頃となる。この頃になると、「そろそろ老人ホームに入れば安心」と思う時期であるが、皆がそう考えるわけで施設の容量とケアを担う人材が足りない。2021 年に、コロナ禍での病床ひっ迫により中等症程度では入院できず在宅療養になったように、施設入所や入院では需要が満たしきれず、在宅医療・在宅介護での対応となる。

　2035 年以降を見越せば、85 歳以上人口は 1000 万人を超え、社会システムは大変革を迫られる。超高齢社会は施設の時代ではなく、まちが中心の時代となる。

注

1 本書全体を貫くキーワードはいくつかあるが、その一つがノーマライゼーションである。このノーマライゼーションについては、障害者や高齢者が社会で平等に暮らせるという視点だけでなく、糸賀（2003）における「すべての人間は生まれたときから、（中略）、力いっぱい生命を開花していくのである」という（人間の）存在そのものを承認する視点でとらえている。糸賀一雄（2003）『復刊　この子らを世の光に──近江学園二十年の願い』ＮＨＫ出版

2 国立社会保障・人口問題研究所による、人口ピラミッドデータは以下の URL よりダウンロードできる。
https://www.ipss.go.jp/site-ad/TopPageData/pyramidDataPP29J.xls（2022 年 10 月閲覧）

3 リンダ・グラットン、アンドリュー・スコット（2016）『LIFE SHIFT（ライフ・シフト）』池村千秋訳、東洋経済新報社

4 本書では、読者のみなさんが自分で調べて自らのまちづくりに役立てられるように、なるべく入手しやすいデータとして、内閣府が発行する『高齢社会白書』をベースとして論じている。

5 秋山弘子（2010）「長寿時代の科学と社会の構想」『科学』岩波書店

6 JMAP の URL は、次の通りである。
https://jmap.jp/ （2022 年 10 月閲覧）

2章

高齢者はどんな人たちか

経済的余裕はあるが、迷える高齢者が増える

▶▶▶ 1　中堅所得層の高齢化

■1 資産の状況（持ち家、年間収入、貯蓄）

　弱って困った高齢者というイメージは、健康自立度だけでなく、経済面でも当てはまらない。まず60歳以上の持ち家率は93.1％で、自宅を資産として持っている。次に、図1の通り1世帯当たりの年間収入は60代で592万円、70

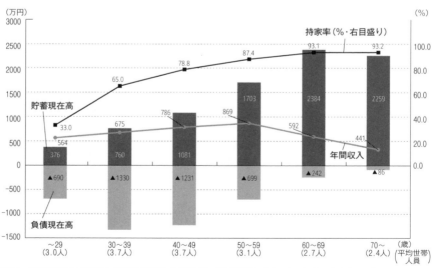

図1　世帯当たりの貯蓄・負債現在高、年間収入、持ち家率（出典：内閣府『高齢社会白書』令和3年版）

歳以上で 441 万円である。2019 年 7 月頃に、老後の資産には 2000 万円以上必要というデータが示されて、ニュースになった。多くの反応は、「そんなに持っているはずがない」ということであるが、データ上は、60 歳以上の世帯の平均貯蓄残高は 2324 万円（中央値 1555 万円）となっている。少なくとも若い世代よりも、高齢者は多くの資産を持っている。

　ちなみに 2020 年に秋田銀行[注1]と筆者の共同で、高齢者に資産に関する意向を調査したことがある。資産管理の意向について、「あなたは配偶者であっても資産状況について知られたくないと思っているか」という問いに対して、男性は妻に知られても良いと思っているが、女性は夫に資産のことは知られたくないと思っている傾向が有意であった。筆者は、タンス預金等も含めると、シニア層はもう少し多く資産を持っているのではないかと、考えている。

２ 高齢者の経済的な暮らしぶり

　60 歳以上の人は、自分の暮らし向きについてどのように考えているのか。内閣府「高齢者の経済生活に関する意識調査」（2016 年）では、家計にゆとりがありまったく心配なく暮らしている方が、高齢者全体の 15.0 ％、家計にあまりゆとりはないが、それほど心配なく暮らしているは 49.6％である。高齢者全体では、64.6 ％がそれほど心配なく暮らしていると答えている。ちなみに、同調査（2011 年）では、73％がまったく心配ない・それほど心配ないと回答しており、5 年間で約 8 ポイント低下したことになる。年々、不安を感じる人が増えているのも事実である。

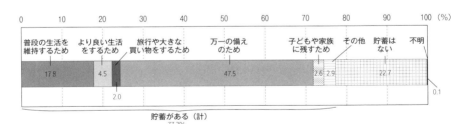

資料：内閣府「高齢者の経済・生活環境に関する調査」（平成 28 年）
　（注）調査対象は、全国 60 歳以上の男女

図 2　高齢者の貯蓄の目的（出典：内閣府『高齢社会白書』平成 29 年版）

高齢者の貯蓄の目的は、病気や介護などの万一の備えのためである（図2）。しかし、我が国では病気になれば医療保険・介護保険制度があり、しかも基本は1割負担である。万一足りなくなっても、高額療養費助成制度や介護保険の補足給付など手厚い支援がある。にもかかわらず高齢者は、将来への漠然とした不安に備えて貯め込んでいると考えられる。

3 高齢者の貧困

　もちろん独居高齢者が増えていること、特に高齢女性の場合基礎年金のみの方が多いことなどから、年々65歳以上の生活保護率は増えている。保護世帯は高齢者全体では1.7％であるが、全保護世帯の半数は高齢者でもある。この背景には、長寿命化によるもの、現在の景気動向から子ども世帯に頼れないことなど、事情は様々である。総務省の家計調査では預貯金額が500万円以下という高齢者が約20％程度いる。

　超高齢社会の対策として、引き続き高齢者福祉の充実を図ることは重要である。他方で、預貯金額が4000万円以上という高齢者世帯も17.6％いる。ある程度経済に余裕のある高齢者層もすべて高齢者福祉の枠に入れておくことには政策的な合理性がないし、当事者もそれを望んでいない。"ソーシャルウェルフェア（社会福祉）"という言葉と、"ソーシャルサービス（社会的サービス）"という両方の言葉が展開される時代になるのではないか。

▶▶▶ 2　高齢者のニーズ把握は難しい

1 自分は高齢者ではない

　内閣府の調査で、「あなたは自分を高齢者だと思うか？」という調査がある（図3）。70〜74歳では、自分を高齢者と思う人と、まだ高齢者だと思わない人が伯仲している。75歳でも26.4％は自分を高齢者だと思っていない。80代になるとさすがに約8割が高齢者だと認めるが、それでも12.5％は抵抗している。高齢者と呼ぶ年齢を10歳引き上げて75歳以上にしてはどうかという議論もあるし、70歳を高齢者と呼ばない条例を設けていたり、高年者と別の呼び方にしている自治体もある。高齢者と呼ばれることで、年金をもらう虚弱な高齢者

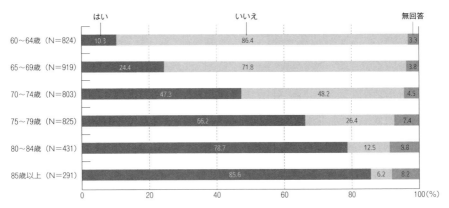

	はい	いいえ	無回答
60〜64歳（N＝824）	10.3	86.4	3.3
65〜69歳（N＝919）	24.4	71.8	3.8
70〜74歳（N＝803）	47.3	48.2	4.5
75〜79歳（N＝825）	66.2	26.4	7.4
80〜84歳（N＝431）	78.7	12.5	8.8
85歳以上（N＝291）	85.6	6.2	8.2

図3　自分を高齢者だと思うか （出典：内閣府「高齢者の日常生活に関する意識調査」平成26年度）

と見なされて、バスは無料、博物館や動物園は無料といった枠に一律に入れられるのは嫌だと考える人も多い。本書の問題提起でもあるが、高齢者といった場合のこのようなステレオタイプの見方を早急に見直す必要がある。またステレオタイプな見方は、その背景には従来の社会保障制度があり、これからの20年で大きく変わるのではないかと思う。

② 日常生活の不安

　実際、どのようなことが老後の不安なのか。図4の一人暮らし高齢者に関する意識調査では、日常生活の不安として、健康や病気のこと、介護が必要な状態になること、自然災害、生活のための収入のことなどが上がる。不安に感じることはないとの回答は、19.8％。高齢者の4/5は、何かしら不安を感じていることがわかる。しかしこの不安は、高齢者に限ったものではなく、若い世代も同じである。たとえば、内閣府による「令和3年度　国民生活に関する世論調査」では、日常生活の悩みとして、「自分の健康」が約60％、「家族の健康」が58.5％である。「老後の生活設計」が約60％、「今後の収入や資産」が約55％である。当然、高齢者ほど健康に関する割合は高くなるが、若い世代も日常生活の不安の種類に変わりはない。お金が十分あって、家族が健康であれば、自然災害を除けば、ひとまず不安がないというのも、年齢による違いはない。高齢者が感じている不安は、若い世代も同じく不安に考えている以上、高齢者

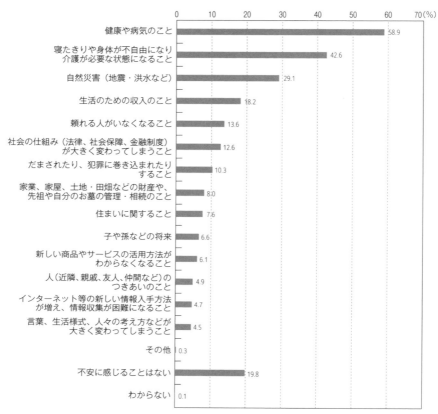

資料：内閣府「一人暮らし高齢者に関する意識調査」（平成26年度）
　（注）対象は、65歳以上の一人暮らしの男女

図4　一人暮らしの高齢者の日常生活の不安（出典：内閣府『高齢社会白書』平成27年版）

特有の不安であるとは言えない。これは現代社会に共通する不安と言えるだろう。

3 地域での困りごと

　高齢者は、生活で何か困っているはずだという前提で、インタビューやアンケートをとることがある。まず内閣府の居住地域で不便や気になったりすることに関する調査は、困ったことは特にないが約6割である（図5）。実際に困っている内容も、この20年ほど順位は変わっていない。1位が日常の買い物が

不便、2位は医院や病院への通院が不便、3位は公共交通機関が使いにくいということである。

　これだけみると、確かにコンパクトシティが求められているように考えることもできる。しかし、筆者は被災地の仮設住宅において仮設スーパーの誘致をしたことがあるが、被災地全体の買い物環境が不十分なときは、身近なところにある仮設スーパーについて「日常の買い物に便利」だという声が大きかったが、街なかのスーパー等が再開してくると、徐々に仮設スーパーの需要が減少していった。利用者にお話を伺ってみると、仮設スーパーでは「購買意欲がそそられない」といった点があげられ、とても興味深い意見だと思った。買い物もある意味では、自己実現の一つなのである。他にも、「品揃えが悪い」「パンはあるが、私が食べたい銘柄ではない」と、さんざんな物言いである。日常の買い物に便利でも、自分のライフスタイルに合わない場合は、多少遠くても、欲しいものが手に入るお店に行きたいのである。

　同じく、病院もできるだけ「大きな病院」に行きたいというニーズは根強い。近所に診療所があっても、必ずしも通うわけではない。公共交通機関のニーズ

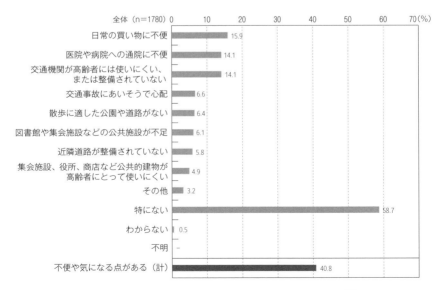

図5　居住地域で不便や気になったりすること （出典：内閣府政策統括官（2018年）注2）

については、この研究を始めた当時はかなり振り回された。公共交通が不便であるからミニバスを走らせるべきだという意見である。しかし言い出しっぺの地元組織のみなさんは、自分は車がまだ運転できるので、最初のセレモニーの時しか乗らないのである。支え合いなどもそうで、「支え合い活動を始めたい」という人はいるが、近所の人に「支えて欲しい」という利用者がいない。

　日常生活の困りごとも、一人ひとりは本当に困っていても、それでも多少の工夫で暮らし続けられそうなら今までのライフスタイルを維持したいし、究極的に困ってみないと自分自身の真のニーズはわからない。

▶▶▶ 3　施設と在宅、高齢者自身も本音がわからない

　終末期や介護が必要になった場合、どこで暮らしたいかというアンケートの答えは様々あるが、大きくは、自宅で療養したいと希望する割合が約6割である。しかし「介護が必要」「療養が必要」や「終末期」の場合と、設問次第で回答が大きく変わる。こちらも主としては、治る見込みがあれば病院や施設が第一希望であるが、治る見込みがないのであれば自宅がよいとの回答が圧倒的に多くなる。たとえば図6の川崎市の調査では、この質問を一般高齢者と要介護認定者に分けて聞いている。興味深いのは、一般高齢者の場合は約56％が「自宅がよい」と答えるが、要介護認定者になると8％程度増えて、約64％が「自宅がよい」と答える。これはよくあることで、元気な時に「私は介護が必要に

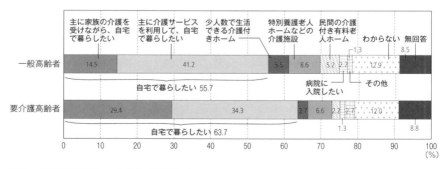

図6　介護が必要になった場合の暮らし方（出典：令和元年度川崎市高齢者実態調査）

なったら施設に入るから」と子どもたちに宣言しているが、入院治療からリハビリ施設に移り、そこからさらに老人ホームに移ろうという段階で、「やっぱり自宅に帰りたい」という気持ちが芽生えるのである。「施設でよいと言っていた親がやっぱり家に帰りたいと言い出したので、何とか翻意させて施設に戻してください」という相談はよくある。泣きながら家に帰りたいという親と、何とかしてあげたい実の息子と、次世代には次世代の生き方があるとドライに割り切りたい家族の間で揉める。結局は一人ひとり、その場になってみないと自分の真のニーズはわからないのである。

注
1　超高齢社会の先進地である秋田県にある秋田銀行は、2014 年頃から筆者と共同研究を進めてきた。エイジフレンドリーバンク宣言──長活きする秋田へ──を発表し、「長活きの秘訣を、学びあう」をコンセプトに、〈長活き学校〉を運営している。
　　https://www. akita-bank. co. jp/campaign/nagaiki/（2022 年 10 月閲覧）
2　内閣府政策統括官（共生社会政策担当）（2018）「高齢者の住宅と生活環境に関する調査」

3章

高齢者の不安は何か
自分らしく生きたいからこそ不安な時代

▶▶▶ 1 こんなに長く生きるつもりじゃなかった

「私の親父は55（歳）の時にあたった（脳卒中）のさ。…中略…。おふくろも60（歳）手前であたったの。だから自分もそのくらいで、逝くんだろうという妙な自信があってさ（笑）。いまなら普通なんだけど、（私の子どもは）当時からすれば遅くにできた子でね、一人娘なのさ。だから、（私が）早く死んでもよいようにと、大学にも出したの。私ら夫婦は学がないからね。それで、立派なヤツ（男性）を見つけてあげないといけないから。何度か縁談の話はあったんだけど、みんな（私が）気に入らないの（笑）。まあ本人も勤めが楽しいようで、いつでもいいなんて言ってたから。気づいたら娘は52歳で独身。私も家内も死んでないの（爆笑）。娘には気の毒なことしたなと、反省してるんです。だって隣の娘さんなんか早々に離婚して孫連れて帰ってきてるんだ。なるほど、その手があったか」（83歳・男性）

■ 高齢者のニーズ・ウォンツを知るために

　従来、高齢社会のまちづくりといえば、年金暮らしで慰問が必要な虚弱集団といったステレオタイプなイメージが先行しており、福祉のまちづくりとして

扱われることが多かった。しかし健康自立度、預貯金額や自分自身を高齢者と思っていない、といった点を見ると、福祉に限定されない新しいサービスや施設整備を考えていくことが、まちづくりにとって重要ではないか。

　しかし悩ましいのは、高齢者自身が、自分のニーズ・ウォンツを理解できていないこと、さらにステレオタイプな高齢社会対策を信じ切っていることである。高齢社会はブルーオーシャン（可能性の広い市場）だといわれているものの、これといったサービスや製品が次々と生まれているわけではない。高齢者も、ステレオタイプな高齢者ニーズを語ることはできるが、いざ自分が買うとなると、「いまはまだ必要ない」となる。そして介護等の当事者になったとき初めて自分のニーズに気づき、かっこ悪い杖や車いすはいらない、サロンに行きたくない、福祉のお世話にはなりたくないとなる。

　高齢社会のまちづくりを進めるには、高齢当事者の真のニーズを把握しなければいけないが、真のニーズを把握するには、高齢者の建前をよく傾聴し、そのあと本音を聞き出すことがコツである。本章は本音を引き出す手がかりとなる、高齢者の不安についてまとめてみたい[注1]。

2 幸せな長寿社会

　現代は高齢者が経済的にも豊かになり、ますます健康で、長寿社会に向かっている。これほど恵まれた時代はないように思う。長寿社会を喜ぶ例を二つほどあげたい。

　NHK の番組「和菓子職人の桑田ミサオさん」の特集である。桑田さんは、1926 年（昭和 2 年）青森県に生まれ、75 歳で笹餅を販売する店を起業したことで知られている。印象に残る桑田さんの言葉に、「どうやって生きていけばいいか、わからないことは幸せなこと」というのがある。確かに、昭和一桁生まれにとって、親族や共同体の意思や伝統と関係なく、75 歳になってからとはいえ自由に自分の人生を生きて、周囲から期待されている生活は、幸せなことなのだと思う。

　東京都新宿区のある団地に住む女性（当時 88 歳）は、生涯独身と決めて、戦後を職業婦人として生き、神奈川県の海沿いの街に小さな別荘を持って、介護が必要になる直前まで有楽町に歌劇を観に行くことを楽しんでいた。頼りに

していたのは、自分の弟の子供であり、晩年は民間の介護サービスを利用して自宅で暮らし続けた。

　高齢社会が多様であるというのは、壮年期、青年期の女性の生き方が一昔前と比べて多様になっていることの結果でもある。それは男性の働き方や家族による相互扶助のあり方などにも大きな影響を与えている。このような時代は、戦後焼け跡世代が理想とした自由・平等な社会であると言える。

3 喜べない長寿命化

　ところが「そんな幸せな老後は一握りでしょ」という指摘が必ずある。調査や視察などで、老人ホームや福祉施設に伺い入居者のお話を伺うことがある。施設で暮らす高齢者（85歳前後）に共通するのは、「こんなに長生きするつもりではなかった」としみじみと語る人が多いことだ。また住民ワークショップなどで70歳代と意見交換をすると、「これからどうやって生きていけばよいか、先々を考えると不安である」とか、特に団塊世代にあっては「先のことを考えると眠れなくなるので、いまは深く考えたくない」という意見が多い。いや、人生100年時代ですから、まだ30年くらいありますよ、元気出してくださいと声をかけると、「もう歳だから」とか、「いやー、無理だと思うよ…」という否定的な言葉が返ってくることが多い。なぜ長寿命化を素直に喜べないのだろうか。

4 予期せぬ長寿命化

　団塊世代の少し後輩にあたる1950年生まれの人が生まれた時代の想定平均寿命はどのくらいだったのか。第2次世界大戦の影響もあり、当時の平均寿命は男性が58歳、女性が61.5歳である。つまり団塊世代は、生まれたときには「人生は約60年である」として育てられた世代とも言える。集団就職等で会社に勤め、家を持ち、子どもを育て、55歳で退職すれば、余生は5年ほどという想定であった。

　現実には団塊世代は平均寿命を超えている。想定よりも10年以上長生きしているだけでなく、さらにこの先まだ30年近くあるというのが、予期せぬ長寿命化という問題である。たとえば現在80歳代の方の親世代（大正生まれ）は、

60代で亡くなっている場合が多い。それゆえ、老人ホーム等でお話を聞くと、「こんなに生きるつもりではなかった」という発言になる。長寿命化に対する準備ができていないとも言えるだろう。人生100年時代、80歳でもまだ20年ある。「こんなつもりではなかった。不安だ。持つべきものはお金と健康だ」と、足りないものを悔やみながらの20年なのか、自分の身の回りを、自分らしく楽しく暮らせるようなまちにして、それを使い倒して生きていく20年なのか、本書は後者を目指している。

▶▶▶ 2　不安の背景・時代の変化

　「先生、私は一人暮らしです。お金もありません。子どもはみな帰って来ませんし、もうあてにしません。私が頼れるものは、健康だけです。特に怖いのが認知症です。認知症に効く、食べ物はありますか？　頭の体操などはありますか？」（ワークショップでよくある質問）

■1 戦後福祉による貧困の撲滅と住宅の確保

　団塊世代を支えてきた社会構造について、簡単に押さえておきたい[注2]。福祉とまちづくりをつなぐのは、1950年（昭和25年）の社会保障制度に関する勧告である。（我が国に限らず）戦後における福祉のテーマは、貧困対策であった。社会から貧困を取り除くべく、社会保険を基礎として、生活保護、社会福祉、公衆衛生、医療制度などが整備されていく。同時期に、住宅金融公庫、公営住宅制度、日本住宅公団の3本柱が出来上がり、住宅の整備が進められる。空間面では都市と住宅が一体となり、まずは住宅困窮者を公営住宅が救済する。スラム化しているところは居住環境を改善し、都市部に流入する人口の受け皿には、民間による沿線開発なども活用して郊外部にニュータウンをつくる。これを社会保障制度面では生活保護、社会福祉、公衆衛生や医療、さらには義務教育など民生分野が支える。

② 安定した社会構造と女性の社会進出

　このような社会保障と住宅供給による安定した土台の上で、個々の暮らしが築かれてきた。特に重要な変化は、女性の学歴・キャリア形成である。1970年、男女とも15歳以上の人たちの約6割の最終学歴は小中学校卒だった。短大・専門学校卒と大卒を合わせても、男性9.3％、女性は5.5％程度である。一方、2010年になると、高校進学率は男女とも96％となる。15歳以上の人たちの最終学歴は短大・専門学校卒と大学卒を合わせて、男性37.2％、女性32.5％となり、女性は6倍に伸びている。女性の社会進出が進めば、共働き世帯が増える。いまや専業主婦世帯よりも、共働き世帯の方は2倍以上もある。共働きにより、男性だけでなく、女性も自分らしく生きていくためにキャリアを維持していくことができるようになった。

　さらに結婚と離婚の状況も変わる。生涯未婚率（50歳の時点で1度も結婚をしたことのない人）は、1970年に男1.7％、女性3.3％であるが、2015年では男性23.4％、女性14.1％である。男性の4人に1人は結婚しない。次に離婚率は1970年の9.3％から2015年には35.6％と約4倍となり、結婚しても1/3以上が離婚をする。自分の結婚（離婚）は自分で決める時代である。誰と親密な関係をつくり、誰を信頼して暮らすのか、家族も自由選択の対象である。

③ 「社会保障の含み資産」としての家族の変化

　我が国の社会保障において、家族は「社会保障の含み資産」[注3]と呼ばれている。社会保障の不足分を、各家庭における専業主婦による無償労働（保育、教育、家事、介護等）で補っていたのである。

　しかし図1の通り、家族形態別にみた65歳以上の者の構成割合の年次推移では、単身世帯・夫婦のみ世帯が約6割である。

　介護保険制度以前は、世帯・家族単位での（専業主婦による）介護や見守りを基本として、不足する部分を社会保障制度で補うことが想定されてきた。

　しかし、1990年には4割もあった三世代同居が、すでに1割である。また息子や娘が未婚で同居している割合が約2割いる。仮に同居をしていても、子どもがキャリア職であればやはりケアを期待できなし、他方で老後を託そうと思った50歳代の我が子が自宅で閉じこもっていて80歳代の親が世話をしてい

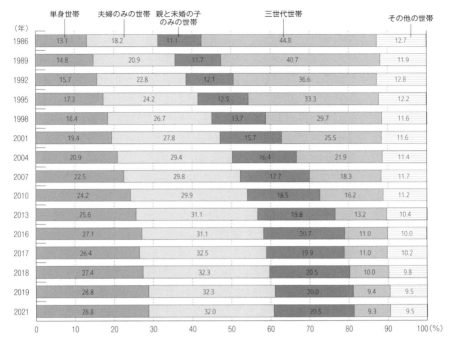

単身世帯　　夫婦のみの世帯　親と未婚の子　　　　　三世代世帯　　　　　その他の世帯
　　　　　　　　　　　　　　のみの世帯

(年)	単身世帯	夫婦のみの世帯	親と未婚の子のみの世帯	三世代世帯	その他の世帯
1986	13.1	18.2	11.1	44.8	12.7
1989	14.8	20.9	11.7	40.7	11.9
1992	15.7	22.8	12.1	36.6	12.8
1995	17.3	24.2	12.9	33.3	12.2
1998	18.4	26.7	13.7	29.7	11.6
2001	19.4	27.8	15.7	25.5	11.6
2004	20.9	29.4	16.4	21.9	11.4
2007	22.5	29.8	17.7	18.3	11.7
2010	24.2	29.9	18.5	16.2	11.2
2013	25.6	31.1	19.8	13.2	10.4
2016	27.1	31.1	20.7	11.0	10.0
2017	26.4	32.5	19.9	11.0	10.2
2018	27.4	32.3	20.5	10.0	9.8
2019	28.8	32.3	20.0	9.4	9.5
2021	28.8	32.0	20.5	9.3	9.5

0　　　10　　　20　　　30　　　40　　　50　　　60　　　70　　　80　　　90　　100(%)

注：1）1995年の数値は、兵庫県を除いたものである。
　　2）2016年の数値は、　熊本県を除いたものである。
　　3）2020年は、調査を実施していない。
　　4）「親と未婚の子のみの世帯」とは、「夫婦と未婚の子のみの世帯」および「ひとり親と未婚の子のみの世帯」をいう。

図1　家族形態別にみた65歳以上の者の構成割合の年次推移（出典：厚生労働省（2021）注4）

る（8050問題）といった場合も期待できない。

　こうした背景のもと、厚生労働省は、男女雇用機会均等法を皮切りに、ゴールドプラン、介護保険制度の成立と、家族に代わって社会が一人ひとりを支えていく社会保障システムへと転換してきた経緯がある。前述の通り、ライフスタイルの変化に合わせて、制度が変わったのである（6章参照）。

◢ 不自由だけど安心な社会の解体

　団塊の世代よりも少し上の世代の幸せな高齢期イメージをあげてみたい。高度経済成長期に、男性は中学・高校を出て、金の卵として働きに出かける。男性は、終身常勤正規雇用システムに乗る。女性は数年務めて寿退社をする。お

見合いにしろ恋愛にしろ、仲人を立てて結婚をする。最初は木賃アパートで仮住まいをし、子どもが生まれたところで郊外に戸建てを買う。インフレの時代であるから、ローンを組んだほうがお得な時代である。夫唱婦随、男性は長時間の通勤をいとわずモーレツ社員として働く。妻は家庭を守り、子どもを二人以上育てる。夫の両親と同居していれば、お嫁さんとして介護も担う。子どもは、せめて自分と同じかそれ以上の学歴をつけたいというのが親心でもあるし、この時期はみながそう考えた時代である。男女の区別なく高校に出すのは当たり前、場合によっては専門学校や大学まで出すのが親の務めと信じていた。そして夫が無事に定年を迎えるころには、子どもが立派に自立して家庭を築き、自分は隠居して子ども世帯に守られて夫婦相和し、残された余生を過ごす。高齢期の不安がない社会である。

　これは一見すると伝統的（オーソドックス）なライフスタイル観のように見えるが、高度経済成長期につくられたライフスタイル像である。前半は、核家族化、女子の高等教育、家柄や格式などを気にしない純粋な関係の重視、家の仕事にしばられないなど、自由なライフスタイルである。これは明治・大正の頃の家父長制や大家族主義の時代と比べれば、団塊世代が築いてきたリベラルで平等な新しい社会であるとも言える。ただし後半については、家父長制に戻って子どもが親の面倒をみるのが当たり前という価値観である。強い家父長制があるからこそ、女性や子どもの権利を制限することができ、親の面倒を見るのが当たり前という価値観を維持できた社会でもある。

　介護保険制度をはじめとして、このような専業主婦が担ってきた機能を、制度化（社会化）してきたのは国の発展の一つの姿であるし、団塊世代が求めてきたライフスタイルである。日本に限らずこれから世界に広がる超高齢社会の特殊性は、単に高齢者の割合が増えているという問題ではなく、中堅所得の高齢者本人が歩んできたライフスタイルによって自由・平等・個人化が進み、個人が一定レベルの自己実現を果たせる状態にあるということにある。これにあわせて、高齢当事者自身が、自分に合わなくなった従来の高齢者像・高齢社会の枠組みをまえに、どのように生きていくのかを考えていく時代である。

▶▶ 3 自己実現と不安はコインの裏表

　「家庭的な老人ホームでよかったと言ってくださる方は多いですけど、やっぱりみんな心のどこかで自宅に帰りたいと思っているんですよね。（施設は）安心だと言ってくれるんだけど、自由じゃないから。認知症の精神・行動症状（BPSD）に帰宅愁訴ってありますけど、あれ病気じゃないですよね。自分の家に帰りたいというのが、病気だといわれたら切ないですよ。不安だから施設に入ろうと思うのだけど、安心を手に入れると、やっぱり自由が欲しくなる。自由に気兼ねなく暮らせる場所がいいんだよね」（老人ホーム施設長・看護師／62歳）

■ マイ・ウェイ（我が道を行ける時代）

　かつては生まれた土地で一生を過ごし、親の決めた相手と結婚し、国のお世話になることを恥と感じて共同体で助け合うことが普通だった。しかし高度経済成長期を経て、社会制度が整い、自由で平等な社会でいかに自分らしく生きるべきか（自尊心・自己実現）を考えることができるようになった。どこに住むか（地理的条件）、どのような社会サービスを利用し困ったら何に頼るか、誰と親交を深めるか。ライフスタイルという言葉は一見前向きなようにも思えるが、生きるうえであらゆることを「選択すること」が強制され、いちいち選択していかなければならない時代でもある。その選択の結果が自分らしさでもあり、人生の物語でもあり、その集積であるコミュニティやまちの魅力でもある。

　選べるということは、自己実現のチャンスでもあり自尊心を高める機会となる。自己実現とは、自分で自分の生きる時間をコントロールすることであるとも言える。冒頭で紹介した桑田ミサオさんの「どうやって生きていけばいいか、わからないことは幸せなこと」につながる。自分の人生を自分で選んで生きていけるのは、本当に幸せなことなのである。

　人生は航海に喩えられることがあるが、これは良い喩えだと思う。ただし、

ここまで整理してきた事実にもとづいて考えるなら、昔はみなが同じ目的地に向かう豪華客船だったものが、いまは一人乗りの手漕ぎボートになっている。しかも自分で豪華客船を降りて、手漕ぎボートを選んだのである。その分、自分の行きたいところに、自分の好きなタイミングで出かけられるようになったが、当然、何かあったときには自己責任という言葉が付いてまわる。小舟は怖いから客船に戻りたいとか、鉄道が良いという場合もあるだろう。しかし誰かにレールを敷いてもらってそのレールだけで生きていくのは一見安心ではあるが、いったん手漕ぎボートで自由に出かけることを覚えてしまうと、敷かれたレールでは自尊心や自己実現を高めることができずに物足りない。不安だからといって、子ども世帯と同居をはじめて、結局自分らしさを失い不平不満を訴える人は実に多い。

❷ 能動的信頼

　手漕ぎボートは後ろ向きに漕いで前に進む。我々はこれまでの航跡をいったん信頼して、未来に進む。しかし、過去の航跡は過去のものでしかなく、新しい時代に向けては参考程度にしかならない。未来に向けて何を信頼してよいのか、この方向でよいのか、自由な分だけ不安を抱くのは仕方ない。

　もちろん現代は何か新しい目的地を目指そうとしたときに、行く先についての知識を得ることは、随分容易になった。しかしそれは多様な専門家の多様な視点でのエビデンスが、インターネットに氾濫しているということでもある。高齢者に限らず、いまや自分で調べて、自分で考えられる時代であるからこそ、どれを信頼すればよいかも、能動的に自分で決めていくことになる。いま、どこに住んでいるか、どの保育園、小学校、公民館、病院などを利用し、誰と親交を深めるか。意識しようがしまいが、すべて住んでいる人の選択の結果であり、個人的に意味がある関係性をつくっている。社会的システムや物的環境を信頼して、自らの生き方を続けていくしかない。

❸ 不安が消えれば、自己実現の機会も消える

　高齢者のニーズ・ウォンツを引き出すために、このような高齢者の不安に寄り添うことが大切である。従来の福祉（措置）観では、障害があれば障害者施

設、高齢者にはデイサービスと課題ごとに切り離して、安全な施設に隔離して解決を図ってきた。自由を制限して不安をゼロにすることはできるが、しかし自己実現の機会が失われることになる。長生きの不安は、まだまだ人生新しいことに出会える機会があると捉えることもできる。家族に頼れない不安もあるが、元々子どもには自分らしい暮らしをして欲しかったわけであるから、子どもたちには頼りたくない。そのかわりに友達に頼ることもできるし、さらに新しい誰かと親密な関係を築くこともできる時代である。身体機能や認知機能が低下する不安もあるが、地域包括ケアシステムが充実しており、要介護であっても自己実現ができるように支援してくれる。

　つまり不安は自己実現の裏返しであるから、不安があっても自分らしく何かに挑戦できるようにエンパワーメントしていく社会的システムやコミュニティの支援的環境が重要なのである。いま考えるべきは、いま暮らしている場所で、いまある社会的システムやコミュニティの居住環境を、自己実現の機会につなげるようにモデルチェンジをすることである。暮らしのなかで不安を感じているのだとすれば、不安を自己実現の機会へと高齢者自身が変えていくまちづくりである。

　もちろん、高齢者自身が良く理解できていないこともあるので、不安を聞けばすべての即時的解決が図られるというわけではない。よく話をきいて双方が理解して、さらに納得するまではどうしても時間がかかる。社会に余裕がないことは理解できるが、不安のあるところに、自己実現の機会があり、そこに新しいまちづくりの種があると考えることで、未来への投資につながるのではないか。

▉ 自分で自分を追い込まない

　　「（すすり泣きながら）…頑張ってきたんですけどねぇ。どこで間違ったんですかねぇ」（地域包括支援センターでの相談にて）

　地域包括支援センターで泣きながら身の上を話す方のように、高齢者に限らず、個々人の努力の問題ととらえて、自己責任論に帰す考え方が強い。しかし、

社会的システムやコミュニティの居住環境が時代に合っていないことが問題なのである。しかし自分で決めた以上はその責任を取るのも自分だという自己責任論は強いので、ここでこんな話を紹介したい。

　イギリスの産業革命を支えた考え方に、「働かざる者、食うべからず」というのがある。ここでいう働かざる者とは、「働けるのに働こうとしない者」であり、病気や障害等によって「働きたくても働けない人」ではない。イギリスは「働きたくても働けない人」に対して、この時代から社会保障制度、近代住宅制度、近代都市計画制度の構築を進めてきていた。一方同時期の日本は、西欧化の真っただ中にあり、明治政府にお金がなかったこともあって社会保障制度はかなり限定的であった。

　日本にもこの格言に近い言葉で、「通俗道徳」というものがある。松沢（2018）[注5]によれば、通俗道徳とは明治時代に流行った考え方であり（現代も信じている人が多い）「人間が貧困に陥るのは、その人の努力が足りないからだ」という考えである。「勤勉に働くこと、倹約すること、親孝行をすることといった、ごく普通に人々が"良い行い"として考える行為」をすれば、その努力は必ず報われるという考え方である。もちろん、これも道徳的・感情的なものであって、これを守ったからといって必ず成功するという論理的な根拠はない。ゆえに単に国民が信じているだけの「通俗」的な道徳なのである。松沢は、このような「一人ひとりが必死で頑張れば成功する。成功していないのは自分の努力が足りないからだ」と自分自身を追い込んでいくことを、通俗道徳のワナと呼ぶ。ワナとは他人が仕掛けるものであるが、自己選択を迫られる現代もまた、自分で自分にワナをかけて、自分自身を追い込んでいきやすい時代である。

注
1　高齢者は不安で建前と本音を使い分けている。対話と傾聴で丁寧に本音を聞き出すことの重要性は、柴田（2013）に教えられたところが大きい。柴田範子（2013）『イラストでわかる介護職のための言葉のかけ方・話の聞き方』成美堂出版
2　本書の執筆にあたっては、再帰的近代というキーワードを軸に議論を展開している。再帰性（Reflexivity）とは、省察や反省と訳されることが多いが、W・ベック（1997）は「自己との対決」と定義する。現代は、政府や専門家が決めたことを唯々諾々と信じるのではなく、一人ひとりが自分で調べて考えられる時代である。その分、自分が決めたことが本当にそれでよかったのかと不安になるし、過剰に自己愛に陥りやすい。反省や省察というよりも、自己との対決という定義がふさわしいように思う。再帰的近代については、下記に詳しい。
　W・ベック他（1997）『再帰的近代化』松尾精文・小幡正敏・叶堂隆三訳、而立書房

アンソニー・ギデンズ（1993）『右派左派を超えて』松尾精文・立松隆介訳、而立書房

同上（2002）『近代とはいかなる時代か』松尾精文・立松隆介訳、而立書房

3　白波瀬佐和子（2009）『日本の不平等を考える――少子高齢社会の国際比較』東京大学出版会

4　厚生労働省（2021）『令和３年度　国民生活基礎調査の概況』p.4

5　松沢裕作（2018）『生きづらい明治社会――不安と競争の時代』岩波ジュニア新書、p.71

4章

不安を癒やす居場所

自分語りの場は自身でつくるしかない

　骨粗しょう症なので、次に転倒するともう自分の力では生活できなくなると、家族に言われました。ケアプランというんですか、そこにも「転倒に気をつけて過ごす」という目標があります。いろいろ考えたんですけど、結局どこにも出かけないで、家のなかにいるのが一番転倒しないのかなと思っています。何もない1日でよかったなと思うのですけど、15時半とか16時とかになると、この時期は外が暗くなるでしょ。なんだか空しくて涙が出てくるんです。気弱になって、子どもの家に電話しようと思うのですけど…（77歳女性・要支援2）

▶▶▶ 1　孤独は悪か

1　孤独とは

　孤独や孤立、疎外について、研究目的で定義することはあるが、一般的にはこれといった定義がない。内閣官房孤独・孤立対策担当室（2022）による調査[注1]では、国民の1/3が何かしら孤独を感じており、特に20〜30代で顕著とのことである。

　孤独は主観的に感じるもの、孤立は客観的に把握できるというが、必ずしもそうとは思えない。社会的孤独と感情的孤独を分けるという提案もあるが、かえってわかりにくいように思う。家族やコミュニティとのつながりがない人を

孤独（loneliness）な人と定義して、孤独は健康寿命に悪影響だという研究もある。他方で、孤独（solitude）を楽しむという雑誌の特集記事は人気がある。人の評価を気にせず自分の趣味に没頭している人は、長生きかどうかより、いまが充実しているようで憧れる。要するに孤独を自己実現の機会ととらえて楽しむことができれば、それは決して悪いことではない。

　他方で、配偶者がいても子どもと暮らしていても、無視されて会話がなく疎外感を感じている人、独居生活でお金や健康の不安にさいなまれ孤立している人がいる。このような不安と結びついた孤独（loneliness）が、健康に悪いというのは、エビデンスも多数あるし感情的にも理解できる。

❷ 孤独と孤立

　高齢者の孤独に関するデータとして、会話の頻度をとりあげてみる（図1）。会話の頻度が少ない世帯は、全体で8.3％と1割未満である。独居世帯でも男女ともに7～8割は、毎日会話がある。1週間に1回未満、ほとんど話をしないのは全体で1.8％であり、世帯では独居世帯の割合が多く、男女ではやや男性独居世帯のほうが多い。独居世帯のお話を聞いてみると、一人が気楽でよい

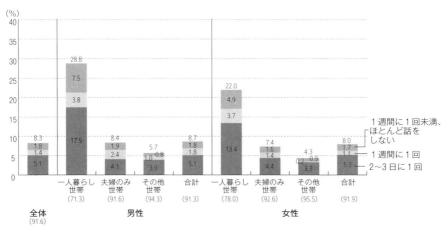

資料：内閣府「高齢者の経済生活に関する意識調査」（平成23年）
　　注1）対象は60歳以上の男女
　　　2）上記以外の回答は「毎日」または「わからない」
　　　3）（　）内の数値は「毎日」と答えた者の割合

図1　会話の頻度（少ない世帯の内訳）（出典：内閣府『高齢社会白書』令和4年版）

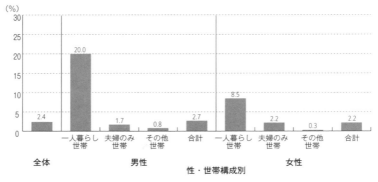

資料：内閣府「高齢者の経済生活に関する意識調査」（平成23年）
　　（注）対象は60歳以上の男女

図2　困ったときに頼れる人がいない人の割合（出典：内閣府『高齢社会白書』令和4年版）

とは言うものの、やはり誰かと話したいという気持ちは強いようである。ただ、近年ではSNS上の友達や掲示板でのやり取りを楽しみにしているというシニアも増えている。

　一方、孤独から孤立して社会との接点がなくなると問題である。次のデータは、困ったときに頼れる人がいるかというものであるが（図2）、困ったときに頼れる人がいないのは全体の2.4％である。特に男性独居者は、頼れる人が少ないようである。SNS上の友達が助けになることもあるようで、シニアの孤独と孤立については、新しい時代のコミュニケーションのあり方が今後は発展するのかもしれない。

3 孤立する人の不安に寄り添う

　孤独はむしろ若い世代の方が多く感じており、シニア層では困ったときに頼れる人がいない人の割合も、2.4％と少ない。しかしながら、いまは孤独ではないが、将来自分が孤独になり孤立したらどうすればよいか、という不安を抱える高齢者が多いのではないかと考えられる。

　高齢期において、「仲間外れにされた」「疎外感を感じた」と訴える人が多い。どんな状況か詳しく確認してみると、意外にも孤独や孤立を訴えた方に原因がある場合が目立つ。たとえば、常に不機嫌で怒っているとか、「〇〇さんは、

幸せそうでいいですよね」というような妬みに近い発言を繰り返して、結果的に周囲から避けられてしまうパターンである。

　原因の一つは、若い時からの個性が、老化にともなう抑制機能の低下によって強く出てしまっている場合である。また認知症の初期症状、薬の影響などもある。認知症サポーター養成研修などでは、古くからの友人のこのような言動の変化パターンについて解説されることがある。この場合、認知症に対する理解が深まることで、むしろ友人が優しく見守ってくれることもある。

　もう一つは、羞恥からくる不安が高じてジレンマとなり、他者と上手く関われなくなる場合である。たとえば、ある自治会のシニアサロン活動の一環で、手芸の企画があった。その方は、自分は手芸が得意だと思って楽しみにしていたが、その日同年代の参加者と比較して自分の手芸品が劣っているように思えて、恥ずかしくなったというのである。それ以来、何かにつけて自分の衰えが気になるようになり、サロンに通えなくなり、孤立を深めていく。高齢期の女性の比率が多いサロンは、「おしゃべりだけのサロン」が一番盛り上がる、というのもサロン活動経験者の知るところである。

▶▶▶ 2　自分らしさと不安

■1 らしくないが引き起こす羞恥

　羞恥について、たとえばギデンズ（2005）[注2] は「ある場面で自分の存在や動機が不適当なのではないかと感じる不安」と定義している。羞恥（はずかしい）の反対語は、自尊心（ほこらしい）である。自分の生きてきた歴史全体＝自分らしさからみて、大切にしている価値、信頼しているコトなどがあるが、身体的・精神的・社会的な原因で（ということは高齢者に限らず若い世代も）、自分が快活にできていたことができなくなり自信を失うと、羞恥の側面が前に出てくる。

　ギデンズによれば、羞恥は二つの要因で引き起こされる。一つは、他者に恥をかかされること。もう一つは、自分が過去の経験を無意識に持ちだして、その場に不適切ではなかったか、自分らしくなかったのではないか、と不安になることである。自分のなかで引き起こされる羞恥＝自分らしくないという感情

が高じると、ジレンマとなる。このジレンマは、様々な病理を発生させる。たとえば頑固・意固地になる、独断に走ってしまう、テレビや専門家、宗教などの権威的なものにはまる、自分の過去に浸りナルシズムになる。

② うつろいやすい「自分らしさ」

　地域包括ケアシステムにおいては、「自分らしく」という言葉が使われるが、「自分らしく」というのは罪が深い言葉のようにも思える。身体機能等が衰えると、「自分らしさ」はどうしても元気な頃（過去）を振り返ってしまう。しかし高齢者の身体的・精神的・社会的機能は衰えていくのであり、つねに「自分らしさ（過去）」と「いまの自分」に差が開く。さらに男性は、学歴、肩書、年収の多寡などで、自分のらしさが評価されてきた人も多い。退職をしてしまえば、学歴、肩書、年収とは無関係となり、その人がいかに自分の人生を生きているかでしかない。私にはもう何もないから、頭も悪いし才能もないから、昔はできたけれど、もうこんな体では何もできないからと麻痺する手に視線を落とす。過去の「らしさ」にとらわれると、いまの自分はつねに「らしくない」ことになる。

　また子どもからみた「元気な時の親らしさ」というのもある。いつまでも親には元気でいて欲しいと思う気持ちから、一番元気だったときを想定し「らしさ」として認定する。こうなると認知症が進んだり病気になると、いつもの「親らしくない」ので、ジレンマを親にぶつけることになる。

　しかし、尊厳はみな平等である。何歳でもどんな状況でも、意思さえあれば自分らしさを変化させられる。そして行動することもできる。そのような人が、100歳でも楽しく生きられるのである。

▶▶▶ 3　自分の不安にこたえる居場所は自分語りの場

① 心の居場所が本当の居場所

　居場所を他人が与えることはできない。高齢社会対策として、孤独を悪ときめつけて、「つながりましょう、コミュニティカフェをつくりました」というのが、逆に抑圧的になる場合もある。居場所は、高齢者一人ひとりのニーズ・

ウォンツに従って、当事者が持つものである。もちろん外部からこんな居場所はどうですか？と支援することはできるが、その場合も当事者が自分でくつろげる居場所を創り出さなければならない。

　たとえば、そこに行くと自分の役割があるデイサロン、気取らずに仲間と会話ができるコミュニティカフェ、孤立せずおなか一杯たべられる子ども食堂など、居場所として紹介されるものは多数あるが、それらは参加する一人ひとりが、そこにいる他者を能動的に信頼し、自分の不安を解決し自己実現に転換していく要素がある。

　こう考えると、当事者からみた居場所の要素として、まず物理的な場所が重要なのではなく、自分らしく生きることで生じる不安に対して、自分なりの答えを持てること、があげられる。サードプレイスを提供すれば、必ず居場所になるわけではない。逆に、居場所づくり活動をしている方が元気に見えるのも、その活動を通じて自分らしさを形にできているからだろう。たとえば複数の他者との交流を必ずしも想定しない高齢独居の女性の居場所の例をあげる。お風呂に入って、自分でふくらはぎをマッサージしながら今日一日の出来事をふくらはぎに語りかけるとほっとするというエピソードである（自分の身体に話しかけると元気になるという話は、介護関係者ではよく聞く話である）。居場所は、一人で持つこともできる。

② 自分語りの重要性

　そして自分語りの重要性である。自分語りとは、自分自身の生き方に対して、道徳や伝統や科学的根拠ではなく、自分なりに意味付けて安心を獲得することである。精神科医のクレア・ウィークス（2019）[注3] は、「恐怖から逃げないようにしましょう。恐怖を見つめ、分析して、それが単なる身体的な感覚の一つであり、それ以上の何ものでもないことをしっかり頭に入れましょう」と、指摘する。そして「内なる声を育てること」の重要性を指摘する。具体的には、「大丈夫、何とかなる」と自分自身に語り掛けることを提案している。この内なる声は、自分自身が獲得しなければならないものであるが、他方で、外部の人が状況を理解したり、方向性を示すなどの支援もおおいに有効とのことである。

　たとえば、マギーズセンター[注4] という、がん患者のための居場所がある（我

が国には、マギーズ東京が豊洲にある）。これはマギー・ジェンクス氏（建築家のチャールズ・ジェンクス氏の妻）が自身のがん体験から、「治療中でも、患者ではなく一人の人間でいられる場所と、友人のような道案内がほしい」と願ったことがきっかけだという。自身ががんになるということは、具体的な病巣への恐怖とともに、将来どうなるのかという不安がある。マギーズセンターでは、ただひたすら話を聞いてくれる。がんが示す自分の死について、動揺する親族、過去の権威や伝統など、何一つ自分に答えを示すものではない。本人がどのように受け入れて、答えを出すのかにつきるのだろう。

3 妻が居場所

　こう考えると男性にとっては、自分語りを聞いてくれる妻が居場所という方が多いのではないか。うんうん。はいはい。真剣に聞いているかどうかは知らないが、一応否定はしない。当人も答えが欲しいわけではなく、信頼できる人に不安な自分を語って安心したいだけかもしれない。

　たとえば、配偶者が亡くなり通院しか外出しなくなった男性がいる。彼は、朝晩、ご飯を仏前に備えることが生きがいとなっている。仏前で、奥さんに話しかけている。広い家なのだが、4畳半の部屋にテレビとこたつと仏壇があって、そこですべてが完結している。これが健全かどうかは別として、彼の居場所である。

　老老世帯で、妻が入院すると、毎日献身的に着替えをもって病院に通う夫がいる。病室では、病床にある奥様に自分語りを聞いてもらっている。しかし新型コロナウィルスの流行で病院への入室が規制され、居場所を失った。

　地方の単身高齢の男性、夕食を兼ねて居酒屋に飲みに行く。そこでマスターやおかみさんに話を聞いてもらっている人も多い。日本には傾聴ボランティアがいて、根強い人気である。イギリスの郊外住宅地にも、電話で話し相手になるボランティアが多数いる。

▶▶▶ 4 自分の居場所は自分でつくるしかない

■1 個人化する居場所

　すこしデータに戻ってみると、日本経済新聞社・産業地域研究所（2014）[注5] によれば、「あなたは自宅以外で定期的に行く居場所がありますか」との問いに対して、全体で 20.6％ が見つからない／特にないと応えている（図3）。男女ともに居場所の1位は図書館である。そこで平日の図書館に行ってみると、特に男性高齢者が、お互いの視線を合わせないようにして、ソファー型のゆったりした椅子に座り、丹念に新聞を読んでいる。お話を伺ってみると、会社に勤めていたときからの習慣で、可能な限りすべての朝刊に目を通すそうである。

　次に多いのはスポーツクラブで、こちらは女性の利用が多い。平日のスポーツクラブに行ってみると、男性の場合は一人でというよりも夫婦で一緒に参加

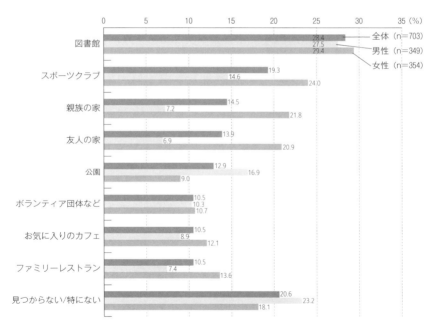

資料：日本経済新聞社・産業地域研究所「超高齢社会の実情」調査報告書（2014年9月）

図3　高齢者の居場所 （出典：日本経済新聞社・産業地域研究所[注5]）

している方が多い印象であった。他方で、女性はお友達と一緒におしゃべりをしながら汗を流している。いま女性専用のフィットネスなどがあるが、確かに女性の居場所になっているようである。ちなみに男性の居場所の2位は公園である。平日午前の公園は散歩のついでに寄ったという男性が多い。ベンチで休憩している人に話を伺ってみると、「花鳥風月」を楽しんでいるとのことであった。

　9章でフレイル予防としては、人との交流が大切だとのエビデンスがある。しかし人との交流に関連する項目を見てみると、友人の家13.9％、ボランティア団体10.5％と、人と交流できる場所を居場所としている人は少ない。

❷ ルーティンにご用心

　図書館や散歩の帰りの高齢者に、「シニア向けのイベントをやっています。コミュニティ・カフェでお茶をしていきませんか？」と声をかけてお誘いすると、かなりの確率で断られる。

　なぜ参加したくないのかについて、集中的にヒアリングしたことがあるが、現時点での仮説は「日々のルーティンと異なることをすることに不安がある」ということだ。例をあげると、普段と異なる場所に出かけそこで転倒したらどうしよう、ウィルスを拾ってきたらどうしよう、金の貸し借りに発展したらどうしようと、普段のルーティンから少しでも外れると、至る所に不安が広がるというのである。何か新しいことを始めようとすると、必ずそれがどうなるか未来を考える。しかし、先のことを考えると、想像はたくましく、プラスのことばかりではなく、マイナスのことも併せて想像することになる。歳をとるほど思慮深くなるということは、身に迫るかどうかわからないリスクまで想定することができるらしい。

　仏壇の前が居場所で、まったく外出しない高齢者は居場所をもっているだろうが、早晩フレイルで身体機能・認知機能が低下していく。良いルーティンは不安を自己実現に変化させるが、悪いルーティンは逆に不安のために居場所依存症を引き起こす[注6]。

❸ 心のフレイルと筋肉

　居場所があり、ルーティンのワナにはまらず快活に生きるには、何かに挑戦したい、普段と異なることをやってみたいと思ったとき、何か一つでもすぐに行動を起こす（原理的には身体を動かす）ことが重要である。友達に電話をかけて誘うのでもいい、ネットで本を買うのでもよい、YouTube で関連動画を見るのでもよい。9 章のフレイル予防で詳しく述べるが、老化は、心のフレイルという社会性（社会参加の意欲）が衰えることに始まる。心のフレイルは、自分の世界に閉じこもるルーティンを引き起こし、その結果栄養・運動・社会参加の面での衰えが進む。そして、特に筋肉が減っていく（サルコペニア）ことで、ますます外に出る、新しいことを始める活動ができなくなる。

　身体があって、意識がある。突然の病気やケガで心身機能に障害を抱えたり、筋肉不足・栄養不足等、身体の変化に端を発して、社会参加の意欲を失うケースは多い。失った自分らしさにさいなまれ、不安のルーティンにさらにはまる。

　他方で、フレイル予防の研究では、意識があれば、身体は少しずつ動かせるという。フレイルは社会性の維持を通じて予防できることも示している。たとえば、車いす生活でも、仲間と一緒に夜中にラーメンを食べに行く人もいる。身体機能が衰えており外出はできないが FAX で投稿されたお弟子さんの俳句を添削指導をしている方がいる。要介護状態であるが、プールで特技の水泳を楽しむ人もいる。（意識的にすぐに体を動かして）小さくルーティンを破り、普段行かない公園にいって、花鳥風月を楽しむのも一つの方法である。

❹ 得意なことだけでなく、苦手なことも

　家族の有無、家庭の経済状況、自分の身体的・精神的健康度合、みな違うのである。誰かと比較して、自分の立ち居振る舞いがふさわしいかどうかを悩み、苦しみ、閉じこもっても、それで傷つき、フレイルになり筋肉を失うのも自分である。それがさらに「生きている価値がないのではないか、こんなに長生きするつもりではなかった」につながるのは、羞恥がもたらす病理といえるだろう。

　また過去の栄光や大きな組織は、一時は安心を提供してくれるが、現在の自分らしさは提供してくれない。65 歳以上が人口の約 3 割ということは、学歴、

肩書、年収とはまったく関係ない生き方をしている人が人口の３割いるということであり、これは新しい時代なのである。競争して優劣を決める必要もないので、過去に苦手だったことや興味はあったが諦めていたことなどにもチャレンジすることができる。苦手も裏返せば自分らしさである。

　定年退職をして自分の特技を社会のために活かす方も確かに多い。他方で、60代、70代になってから、若い時に逃げてしまったこと、不得意だったことに取り組んでそれを自分のものとして地域に貢献している人の話も多い。介護状態になってから新しいことを初めて、工夫し続けている人もいる。得意なことを広げるだけでなく、不得意なことにも挑戦してみると良い。というのも、いずれみな要介護にはなる。弱ったらおしまいとならないように、弱っても何か新しい自分らしさを求めて、試しに何か一つでもすぐに動いてみる。そのような発想が大切であるし、これが10章で紹介する自立支援につながる。

注
1　内閣官房孤独・孤立対策担当室（2022）「人々のつながりに関する基礎調査（令和３年）調査結果の概要」
2　羞恥については、以下の本を参考にした。
　　アンソニー・ギデンズ（2005）『モダニティと自己アイデンティティ──後期近代における自己と社会』秋吉美都、安藤太郎、筒井淳也訳、ハーベスト社
3　クレア・ウィークス（2019）『完全版　不安のメカニズム』白根美保子訳・森津純子監修、筑摩書房
4　東尾愛子（2010）『メディカルタウンの再生力　英国マギーズセンターから学ぶ』30年後の医療の姿を考える会
5　日本経済新聞社・産業地域研究所（2014）「超高齢社会の実像」調査報告書
6　ルーティンについては、注２のギデンズ（2005）に詳しい。

5 章

現代的なつながり方とコミュニティ活動
「つながりたいけど、しばられたくない」にこたえられるか

▶▶▶ 1　現代的な個人の居場所のつくり方

■1 個人の居場所のつくり方

　現代の高齢者は、すべて社会福祉の対象と捉えるのではなく、一人ひとりに経験、知識や歴史があって、特技がある創造的主体と捉えよう。その経験や知識を積極的に語り、まちに活かしてもらえれば、高齢者自身が魅力的な素材となる。まちづくりは人づくりという言葉があるが、高齢社会はその逆ではないか。いまいる人こそが魅力であり、その集積がまちをつくる。

　居場所がないという人の誤解を改めて解くと、原始的な居場所は、まずは当事者自身が一人で持つモノであり、必ずしも物理的な場所であるかどうかは関係ない。あくまでも自分の不安を語り自己実現の機会へと転換させていく場所である。それが、自宅の風呂という人もいれば、仏間という人もいるし、職場、コミュニティカフェ、スポーツジム、カラオケ教室という人もいる。山奥で一人暮らしをしている高齢者のドキュメンタリーを視ると、楽しそうにぶつぶつと独り言を話しながら作業をしている人がいる。

■2 個人の居場所を外に広げるコツ

　さらにそのような居場所を、自宅の外に沢山持っている人がいる。11 章でもいくつか紹介するが、これもあまり難しくはない。フレイル予防の感覚で、少しでも意欲を持ったら、すぐに身体を動かして行動に移すことである。小さ

なことでよいので、自分の好きなこと得意なことをアウトプットしていく。もちろん外に出れば不安なことや否定的なことに出会うかもしれないが、細かいことは気にせず、くよくよせず、自分語りができる場所を探していくだけである。

　他方で、そのような居場所となる空間が、有料化されていたり、公共施設の再配置にともなって閉鎖されていたりと、街なかには物理的に少ないというのはまちづくりの問題である。

❸ 対話と傾聴

　それでも無理だという人のために、傾聴ボランティアという仕組みがある。東日本大震災の仮設住宅において、威力を発揮した。大災害を経験し、あらゆるものを失った人は、自分を語ることが難しい。そのような方に対して、定期的に訪問し、声を掛けていく。最初は無視や場合によっては怒鳴られることもあるが、何度も訪問するうちに、挨拶や日常会話ができるようになる。そして徐々に、身の上話など自分を語りはじめる。

　傾聴ボランティアは、難しい資格があるわけではなく、相手の話を丁寧に熱心に否定せず聴く。当事者の自分語りが進めば進むほど、気持ちの整理ができ、次第に交流会に参加しようかなといったアウトプットにつながる。仮設住宅でも、精神疾患などの病気が理由でなければ、1か月程度で信頼関係が築けるとのことだった。対話と傾聴により、第三者が外から居場所づくりを働き掛けることもできる。

▶▶▶ 2　現代的な個人のつながり方

❶ 個人的な居場所の広げ方──つながりたいけど、しばられたくない

　現代的な個人のつながり方として、見田宗介氏の言葉だったと思うが、「つながりたいけど、しばられたくない」というのがある。高齢者の共感が集まる良い言葉である。ある程度の安心を得たい、自分語りをお互いにし合える仲間がいるが、そのつながりが、自分の自由な暮らしを制限するほど深くはないというものである。現代社会においては、自分自身で、自由な自己実現の機会と

安心感の得られる機会のバランスをとり、安心できる環境を創り出さなければならない。

　その際、高齢者の不安を癒やすつながり方という点では、次の二つの理論が参考になる。

　一つは、平らな社会関係である。守屋（2012）[注1]は、発達心理の観点から、高齢期の社会関係においては、支配・服従の関係ではなく、平らな社会関係（「する・される」「喜ぶ・喜ばれる」のバランス）の重要性を指摘する。またこのような関係のなかで、他者の期待に添うように生きようとする「在るべき私」ではなく、自分で自分の人生を生きる「在りたい私」の追求こそが、生きがいを実感できるかどうかにかかっていると指摘する。しかし、高齢期の夫婦関係や同居家族との関係では難しく、青年期以前から親や社会が要求する「在るべき私」にしばられ、平らな社会関係を獲得できぬままに一生を終える人がいる。

　もう一つは、純粋な関係である。ギデンズ（2005）[注2]は、自分と他者との関係について、経済的条件、社会的におかれている状況、身体的特徴などに依存しない、「関係そのものが与える満足や見返りに根本的に依拠する関係」と純粋な関係を定義する。たとえば、低所得の一人暮らしの高齢女性が孤独感を訴えれば見守りはするが、高所得の息子・娘と同居している高齢女性が孤独を訴えた場合はどうか。経済的に豊かな人は見守りの対象ではないとして、それでは経済的に豊かとはどの程度を指すのか。家族と同居している人は見守りの対象ではないとして、家族と同居していても会話がない人を無視するのか。外形的な基準で線を引くことは一見合理的であるが、自分も何かしらの外形的な基準で線を引かれているのではないかと不安になる。外形的な基準ではないところで育まれた、信頼関係が重要になるという考え方である。

❷ つながり方のパターン

　個人に端を発するつながり方にはどのようなものがあるだろうか。生活領域において、なるべく水平な関係で他者とつながりたいと思うときに、大きく三つのパターンがあると考える（図1）。

　一つは、組織型である。役所と緊密に連携がとれているある程度大きな住民自治組織に参加するパターンである。役所のお墨付きもあり責任ある体制で運

営されるので、安心して参加できる。他方で、現状では参加者の固定化・高齢化、担い手不足という課題を抱えており、さらに役所から依頼される業務が多く、リーダーのなり手がいない。そのため純粋な関係を築きたくて参加したつもりが、しがらみで色々な手伝いを頼まれてしまうこともある。これは包括的関与と呼ぶが、たとえば一つの業務を担うとそれに付随して、体育協会の支部役員とか食生活改善推進員といった地域の役が増えることである。それを生きがいと思い、地域活動の帰りに一杯やりながら自分を語れるのであれば良いが、そこから得るモノがないと続けるのが苦しい。

次に参加型がある。これは子ども食堂とか、ミニデイとか、強力なリーダーがいて、目的や使命が明確な組織である。入会申込書があり、加入自由で脱退自由。個人単位で、使命に共感して参加し、いつでも辞めることができる。自分のやりたいことが明確であれば、とても居心地の良いつながり方である。もちろん、強力なリーダーが辞めてしまうと次のリーダーが見つからなくて解散になることも多い。

三つ目は、女縁とか選択縁[注3]と呼ばれるものがある。本稿では、当事者型と呼ぶ。これは自分自身が魅力ある人材だという立場にたち、自発的にやりたいことをやり、縁を自分で選んでつながっていく方式である。組織型や参加型

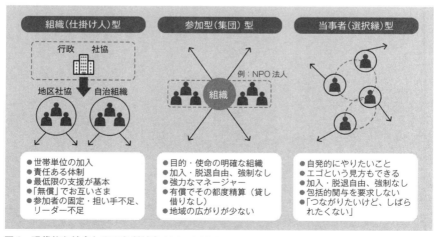

図1　現代的な社会とのつながり方 (出典：著者作成)

のリーダーからすると、何とも心もとない、場合によってはエゴイスティックなつながり方にも見えるが、それでも参加する人は、水平な関係を維持できるので魅力的なつながり方である。つながりたいけど、しばられたくない、と思う人には最適である。

❸ どのようなコミュニティ活動に興味があるか

よくある市民意識調査の結果として、地域でどのような活動をしてみたいかを問うものがある。以下は、2020年度（令和2年度）の千葉県柏市の市民意識調査の結果である（表1）。どの年代も1位は、趣味の会などのサークル活動である。2位が、50代・60代ではスポーツであるが、70歳代以上では環境美化運動となる。町会や自治会の活動に、主体的に参加したい層は、50代で5位、

	1位	2位	3位	4位	5位
50歳代 n=273	サークル活動	スポーツ等	環境美化活動	お祭り・盆踊り	町会や自治会
	27.5%	19.8%	18.3%	16.8%	16.8%
60歳代 n=353	サークル活動	スポーツ等	環境美化活動	町会や自治会	お祭り・盆踊り
	33.7%	22.1%	19.8%	17.3%	13.6%
70歳代以上 n=361	サークル活動	環境美化活動	町会や自治会	スポーツ等	交通安全・防犯
	36.3%	25.2%	20.5%	15.2%	13.9%

表1　千葉県柏市におけるコミュニティ活動（出典：千葉県柏市市民意識調査をもとに著者作成）

	1位	2位	3位	4位
50歳代 n=198	時間的な余裕がない	活動内容がわからない	興味がない	体力がない
	35.9%	26.3%	12.6%	5.1%
60歳代 n=243	時間的な余裕がない	活動内容がわからない	興味がない	体力がない
	28.8%	22.6%	16.5%	8.2%
70歳以上 n=226	活動内容がわからない	体力がない	興味がない	時間的な余裕がない
	23.5%	24.8%	18.1%	6.6%

表2　町会などの地域活動・ボランティアに参加していない理由（出典：千葉県柏市市民意識調査（令和2年度）をもとに著者作成）

60代で4位、70代以上で3位と、年齢が上がるにつれて関心が高まる。この調査では、どの活動にも参加したくないと答えた方は、50歳代で22.0％、60歳代で14.2％、70歳以上13.3％である。全体の約8割は何かしら地域で活動したいと考えている。

　次に、町会や自治会などの地域活動やボランティア活動に、現在参加しているかという問いでは、50歳代の26.7％、60歳代の28.6％、70歳以上の33.2％が活動している。一方で、6〜7割は参加していない。なぜ参加していないのか、その意向を深掘りしてみる（表2）。50歳代、60歳代の1位は、時間的な余裕がない。70歳代以上の1位、50歳代と60歳代の2位が、活動内容がわからないである。ここに適切にアプローチすれば、地域活動に参加する方を増やせるかもしれない。また70歳以上の2位で、体力がないために参加していない。若いうちは時間がなくて活動できないが、70歳代以上になると体力がなくて参加できない。興味がないはいずれの世代も3位である。

▶▶▶ 3　現代的な地域コミュニティの形

■ 地域コミュニティに対する考え方のパターン

　個人化していくつながり方が、ある程度大きな欲求へと構造化されて現代的な地域コミュニティへと育つ場合、住民自治組織（自治会・町内会）との関係はどうなるのだろうか。すこし固い話になるが、コミュニティというと、医療・健康・福祉の議論では、自治会・町内会が真っ先に想定されやすい。他方で、まちづくりの議論では、特定非営利活動法人（NPO法人）やまちづくり協議会といったテーマ型の組織なども多数ある。本節では、地域コミュニティのつながり方について、どのような考え方があるか整理した[注4]。

　まず、つながりを組織化することについて、強い意向のある三つのグループをあげる。

①コミュニタリアン（道徳的共同体主義）と呼ばれるグループである。代表的な論者は、伝統を重視するハンナ・アーレント、他方でリベラル寄りのマイケル・サンデル、共和制を念頭においたロバート・パットナムなどもいる。

伝統と風土のなかで、私たちが加入するよりも前から維持されてきたコミュニティを想定する。

②リベラリズム（道徳的個人主義）と呼ばれるグループである。このグループは、近代的教育を受けた個人はみな道徳的であり、自己決定・自己決断できる存在であるから、そもそもコミュニティなんていらないし、そのような活動に参加する必要はないという考え方である。一人一票を投票して、物事を進めていけばよいという考え方である。言い換えれば、組織化されないことについて強い意向がある。

③多様性と対話主義と呼ばれるグループの代表は、ユルゲン・ハーバーマスだろう。コミュニタリアンもリベラリズムも、最終的には多数派が大きな権限を握ることになり、少数派の意見が排除される懸念がある。近代的教育を受けた自立した道徳的個人を基調としつつも、多様性を尊重するために対話と協働でつくるコミュニティを重視する立場である。

　他方で、つながりを組織化して社会的システムにするというよりも、それぞれがつながっている（親交がある）と自覚することが重要だと考えるグループもある。

④新しい社会運動と呼ばれるグループである。イタリアの社会学者アルベルト・メルッチをご存じない方が多いかもしれないが、彼女のつくった「ノマド」という言葉は聞いたことがある人も多いのではないか。たとえばジェンダー平等運動、少数民族の尊厳を守る運動などで、運動に関わる人は、自分がなぜ関わっているかをしっかり理解したうえで、内発的、偶発的、同時多発的に集まって活動を行う。①のコミュニタリアンは、「なぜこの活動に関わっているか」を問わなくとも、「伝統的に関わってきたから」と理解する。他方で③の多様性と対話主義は、多様性を重視しながらも、最終的には多様性を統合しよう（合意を得よう）とする矛盾が残る。新しい社会運動のグループは、運動そのものにつながりを見出しており、組織としてのコミュニティにこだわらない。

⑤もう一つ「顔の見える関係」と（私が勝手に）呼ぶグループを紹介したい。

ジグムント・バウマンはコミュニティを自由と安全の戦場と呼んでいる。安心を得たければコミュニティに所属してある程度の自由を我慢せよ、逆に自由を選ぶのであればコミュニティに助けてもらうといった安全は諦めよということである。

W・ベック、ギデンズなどで語られるリスク社会は、過去の伝統が未来を守ってくれるわけでなく、むしろグローバル化した社会ではグローバルな倫理観とローカルな伝統的倫理観がぶつかって、そこにも不安の種が発生する。近代的・道徳的個人は、みんな頭が良すぎて、将来を見通す力をもち、他方で将来を見通そうとすればするほど考えすぎて不安になる。「つながりたいけど、しばられたくない」ではないが、周りがどのような生活をしていて自分だけ間違った選択をしていないか不安になり、隣近所や同好の士とつながりたいけれども、しかしそれによって組織の役を担ったりすることで、自分の自由な暮らしがしばられることを望まない考え方である。

　このようにニーズを整理してみると、現状を地域コミュニティの衰退と捉えるよりも、多様化と捉えるほうが妥当ではないか。一方で、このような多様なニーズに対して、行政等によるコミュニティ施策は、住民自治組織向けの施策に傾注しすぎている。たしかに動員力、対応できるテーマの多さ、実行力の面から住民自治組織を頼りにすることは理解できる。しかし現状のままでは、新しいつながり方への配慮はおろそかであり、同時に、まじめに取り組む住民自治組織のリソースを使い果たしてしまう。コミュニティ施策は、現代的なつながり方を包含した新しいアプローチが必要であると指摘できる。

② 多様なコミュニティ

　筆者としては、⑤の顔の見える関係程度のつながり方が、平らな関係、純粋な関係、選択縁にもつながると考えている。まずは同じ境遇・同じ悩みの人と会って情報共有できる程度の関係が欲しいというグループである。その延長で、仲良くなればコミュニティというよりも縁をつないで助け合う関係をつくる。

　この「顔の見える関係」というのは、医療介護の多職種連携の場でよく用いられる言葉である。医師、訪問看護師、介護福祉士等、それぞれが違う専門性

と責任・義務の範囲でケアに携わるなかで、地域包括ケアのために連携するには、立派なコミュニティを創ろうとするのではなく、顔の見える関係をつくり、それぞれが自らの専門性の範囲で、相談しやすい関係をつくることが重要であるという考え方である。

さて、コミュニティのカタチは多様であるという立場から、具体的に個人の意向をベースとして、どのようなコミュニティの集団が存在しているか、アンケート調査を基に考察してみた。図2の通り、縦軸をまちづくりへの参加意向とし、横軸を近所付き合いの程度とした。縦軸は、「あなたはどのようなまちづくりに参加したいか」という複数選択肢を選ばせる設問で、サークル活動、環境美化、ボランティアなど一つでも選んだ人を参加意向あり群、どれも参加したくないと答えた方を参加意向なし群に分けた。横軸を近所付き合いの程度とし、近所付き合いがまったくない・あいさつ程度の関係群と、貸し借りや助け合いをしている群とに分けて、四つに類型化したものである。

図2は岩手県釜石市の地域福祉計画にてアンケート調査を行ったものであるが、Aグループは近所付き合いもありまちづくりに関わりたい方である。釜石市ではAグループが約4割、この傾向は地方都市と郊外住宅地に顕著にみ

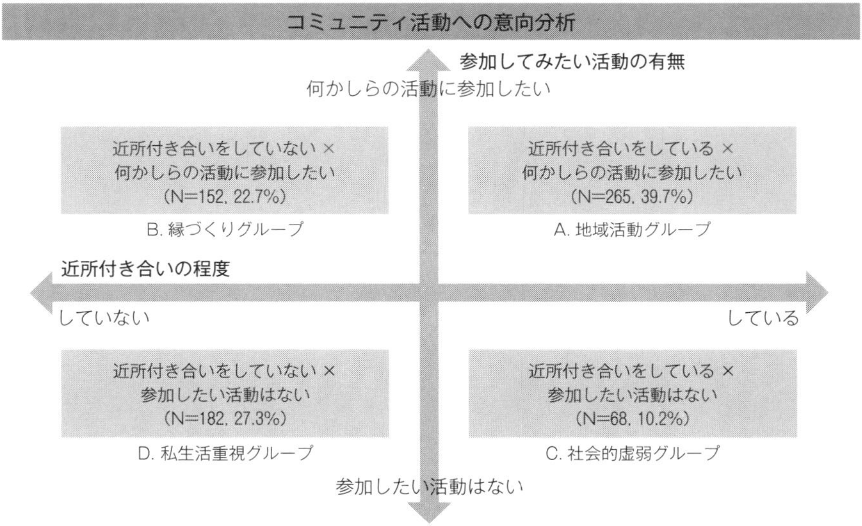

コミュニティ活動への意向分析

参加してみたい活動の有無
何かしらの活動に参加したい

近所付き合いをしていない ×
何かしらの活動に参加したい
（N=152, 22.7%）
B. 縁づくりグループ

近所付き合いをしている ×
何かしらの活動に参加したい
（N=265, 39.7%）
A. 地域活動グループ

近所付き合いの程度

していない   している

近所付き合いをしていない ×
参加したい活動はない
（N=182, 27.3%）
D. 私生活重視グループ

近所付き合いをしている ×
参加したい活動はない
（N=68, 10.2%）
C. 社会的虚弱グループ

参加したい活動はない

図2　つながり方の4類型 （出典：著者作成）

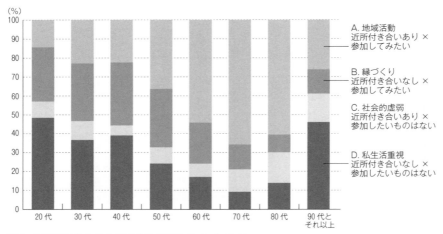

図3　年代別にみたつながり方の4類型 (出典：著者作成)

凡例:
A. 地域活動
近所付き合いあり ×
参加してみたい

B. 縁づくり
近所付き合いなし ×
参加してみたい

C. 社会的虚弱
近所付き合いあり ×
参加したいものはない

D. 私生活重視
近所付き合いなし ×
参加したいものはない

られる。一方で、都市部になると1割程度と少ない傾向にある。年代は地方都市も都市部も変わらず、70代を中心に構成されている（図3）。現在の自治会・町内会を支えている「地域活動グループ」である。

　次に、近所付き合いはないがまちづくりに関わりたいBグループが約2割である。都市部では、このBグループが5割を超えることが多い。年代をみると、30代、40代、50代と若い世代が多い。居住年数が短いこともあり、これから地域活動を通じて「縁を深めていくグループ」とも言えるだろう。地縁のあるAグループに対して、地域活動を通じてつながろうとするBグループも同程度か地域によってはそれ以上のボリュームがあり、Bグループへのアプローチも重要である。

　近所付き合いはあるが、まちづくりに関わる意向がないのがCグループである。年代別にみると70代、80代が若干多い。こちらは、本人の病気や心身機能の低下、配偶者の介護などにより、近所付き合いはあるが、何かしらサポートがないと新しい活動などができない方であると考えられる。特に近年Aグループの方が、Cグループへと移行していく傾向がみられ、サロンまでの移動支援など何かしら活動が継続できるような支援が必要なのではないかと考えている。予防して欲しいという気持ちをこめて「社会的虚弱グループ」と呼ぶ。

最後に、近所付き合いもなくまちづくりにも参加しないDグループである。こちらはやはり若い世代に多く、「私生活重視グループ」である。意外なことに、地方都市においても2〜3割程度存在する。むしろ郊外住宅地などでは、長年の居住のなかで近所付き合いがあるためか、1割程度と少ないことが多い。それぞれ仕事や私生活が忙しく、関わりがないだけならよいが、70代以上では閉じこもり予備軍とも言える。こちらへのアプローチは、住民だけでは難しく、第三者のコーディネートなどがあるとよい。

　さらに、このように整理してから、主にAグループの方と話しあってみた。わかったことは、Aグループの中にも大きく三つくらいの意向がある。一つ目は、とにかく自治会・町内会に新しいメンバーを増やしたい。そのために、Bグループへのアウトリーチを考えている方である。二つ目は、Aグループそのものの高齢化が進んでおり自分たちがCグループに移行しないように介護予防として自分たちのためになる活動をしたいと考えている方である。三つ目は、特に自分よりも年配のCグループの方たちへの生活支援やサロン活動を行いたい方である。Aグループも一筋縄ではいかない多様性があり、強力なリーダーが旗を振るも、内部でのリソースに乏しく、できることといえば多世代交流という名の「明るい挨拶運動」になってしまうことが多い。

　地域コミュニティは衰退しているのではなく、多様化している。従来のまちづくりでは、「まちのために」まちづくりに参加することを求めていたのではないか。高齢者（に限らずだと思うが）は、一人ひとりが個性的で才能・特技・経験を有する人たちであり、そのような多くの人々は個人的な居場所を求めており、それが実現できることが、まちづくりだと発想を広げることが必要である。またそれが結果的には、地域コミュニティの更新・発展につながる。

▶▶▶ 4　まちづくりとして個人的な居場所を受けとめる

■ 従来のまちづくりとの接点

　これを受けてようやく、まちづくり論として次のような居場所の規範が見える。

　①自分語りを軸に考えると、身近なところに小規模な居場所が多数あること

がよい。②それは必ずしも施設でなくても、たとえばベンチでもよい。また公共の場だけでなく、自宅の一部を開放した私有空間でもよい。③心身機能の衰えも考慮して、そこには住民の親交を深める機能だけではなく、健康づくり、生きがい就労、子育てなど住民ニーズに応じた社会的機能があると安心である。④またその場所に行きたいと思ったときに行けるようなアクセシビリティやバリアフリーな空間のしつらえが大切となる。

　現在は、新規にコミュニティスペースを整備するとなると政府系の補助金は1か所にドンとつくとか、コンビニが1軒建つという場合が多い。もちろん、何もないよりは新しいものが建つとコミュニティが刷新される感じがしてよいのであるが、多様な背景を持つ人々が、その場所を自分の居場所だと認めるには時間がかかる。また従来型の施設は、老人憩の家、公民館、コミュニティセンターといった施設で、役所が決めた機能だけの場所が多い。飲食などはできないし、物販販売などもってのほかである。そのような場所は役所が管理を自治会町内会に委ねていて、利用するには自治会町内会への加入が求められることもある。一方、せめてベンチでもと、家の前に置こうとすると、道路専有許可が必要だと言われてしまう。

　このような様々な規制や団体間・個人間の意向調整を通じて、小さな居場所のネットワーク化、対話と傾聴により居場所へ誘い出すこと、既存ルールの見直しと提案などを行うためには、⑤居場所と地域コミュニティのつながりをコーディネートする機能が求められるだろう。

2 個人的な居場所をつなぐまちづくりへ

　自由で平等で多様なライフスタイルを選べる社会となった。都市計画・まちづくり分野も、間接的ではあるが、都心部のマンション、郊外住宅地、公共交通機関、緑地や公園など、ライフスタイルを支えるインフラとして貢献してきた。他方で、社会保障の仕組みなどは、さらに進んで個人の生活を保障する仕組みへと変化しつつある。これに対して、まちづくりも物的環境を対応させていかなければならない。

　たとえば、住宅地では一人暮らしになった老親の家を、いつ来るかわからない子どものために残しておくよりも、地域に開いていく取り組みなどが始まっ

ている。空き家を使ったコミュニティカフェ、セルフビルドされた東屋のつい
たビオトープ、散歩で立ち寄るお寺がお茶を振る舞い、トイレを貸してくれる
など、コミュニティの居住環境を支援的環境（11章参照）へと転換している事
例が増えている。まちのなかで困ったことがあれば、自分らしく何かに挑戦で
きるようにエンパワーメントしていく社会的システムやコミュニティの支援的
環境が重要なのである。

❸ 居場所づくりに失敗はない

　いま住んでいるまちを、一人ひとりが、漠然と感じている不安と自己実現の
機会、不安を癒やす居場所、信頼できる人との社会的関係、社会的システムと
物的環境というキーワードで点検しなおすと、生きてきた歴史や暮らしてきた
時間の分だけ、自分を支える社会・地域資源・環境（コミュニティの支援的環
境）があることがわかる。自分はそのようなコミュニティの支援的環境を沢山
持っているという人は、まずはそれを減らさないようにする。また自分が虚弱
になっても使えるように元気な内からカスタマイズしておくと良い。

　一方、私にはまったくないという人は、まずは自分を語る居場所を見つける
ところから始めればよいし、何をしていいかわからなければ、話を聞いてもら
えばよい。居場所づくりに失敗はない。自分とは合わない居場所は沢山あるだ
ろうが、それなら別の居場所に移ればいいだけである。10か所くらい興味を
もって覗いてみて、1か所でも自分に合うのが見つかれば大成功である。この
ような取り組みは、自分自身の生きることの価値を向上させ、同時に安心でき
るまちでのつながりになる。

　まちづくりとしては、このような居場所を10年後、20年後のまちの改善に
つなげていきたい。まずは自分らしさを軸に、高齢者が居場所として、サロン
活動でも何でもいいので、まちにアウトプットをしてもらい、それをつないで
いく。高齢者自身が悩んでつくったアウトプットは、同じ悩みを持つ人の共
感[注5]を集めやすい。ひとまず閉じこもらない程度に自助ができているのであ
れば十分だと思うが、それでも顔の見える関係程度の自助グループ（能動的な
互助である）になっていると、社会的関係の理解や対話の場づくりなどが格段
に進めやすくなる。それら小さなニーズに対応する場所が、大きなつながりと

なって地域包括ケアシステムの一端を担ったり、公園のアダプト制度など都市の政策的ニーズと結びつくこともあるだろう。小さな活動が多数醸成されて、大きな地域課題の解決につながることが理想である。

注
1 　守屋慶子（2012）「第12章　高齢者の「社会関係」」『女性のからだとこころ』内田伸子編著、金子書房
2 　アンソニー・ギデンズ（2005）『モダニティと自己アイデンティティ』秋吉美都・安藤太郎・筒井淳也訳、ハーベスト社、p.97
3 　上野千鶴子（2018）『「女縁」を生きた女たち』岩波現代文庫
4 　コミュニティの類型化については、次の2冊を参考にした。
　　ジェラード・デランティ（2006）『コミュニティ　グローバル化と社会理論の変容』山之内靖・伊藤茂訳、NTT出版
　　マリリン・テイラー（2017）『コミュニティをエンパワメントするには何が必要か── 行政との権力・公共性の共有』牧里毎治・金川幸司監訳、ミネルヴァ書房
5 　近年、「寄り添う」とか「伴走」という言葉が使われる機会が多い。文字通り、誰かの隣にいることであるが、その際、共感が重要なのではないかと思う。フランス（2010）は、セオドア・リップスをとりあげ「共感は動物の本能」であると述べている。
　　フランス・ドゥ・ヴァール（2010）『共感の時代へ──動物行動学が教えてくれること』柴田裕之訳、紀伊國屋書店

II部

地域包括ケアシステムの理念と実際

　「預貯金がいくらあったら老後は安心ですか」という質問をよく受けるが、金額の多寡よりも地域包括ケアシステムを実装することをお勧めしたい。地域包括ケアシステムは、福祉の枠を超えた自己実現を促す仕組みである。

　6章では地域包括ケアの理念についてまちづくりの視点から整理し、どのように住民とともに受けとめるべきかを考える。7章では、在宅ケアに関する制度やサービスに絞り、まちづくりとして理解しておくべき論点を整理した。一方、高齢当事者も在宅ケアを理想としつつも、現実には不安のなかで施設を求めてしまう。8章では、高齢者の本音に迫りながら、現在の地域包括ケアシステムがなぜ進まないか、まちづくりの面からどのようにアプローチできるかを考える。

　地域包括ケアと聞くと、医療介護分野の取り組みという印象が強いが、まちづくりと連携することで、大きく発展するテーマである。

6章

地域包括ケアシステムの理念
立場により異なる捉え方

▶▶▶ 1 　社会保障のパラダイム転換

■ 地域包括ケアシステムを議論するために

　第Ⅰ部では、高齢当事者の立場にたって高齢者の心と体の観点から論点を整理してきた。とりわけ、中堅所得層の高齢化に対しては、不安を完全に取り除くのではなく、当事者の不安に居場所を与えられるようにエンパワーメントをして不安を自己実現の機会に変えていくコミュニティの支援的環境づくりが重要であることを示した。本章では、高齢社会において団塊世代のライフスタイルの変化や自己実現の機会を受けとめる社会システムの一つである、地域包括ケアシステムについて論じていく。なお7章では、現行の地域包括ケアシステムの制度の紹介となるが、その前に制度を導く理念や理論についておさえておくことで、流行り廃りに一喜一憂せず、10年後20年後を見すえたまちづくりの視点として整理しておきたい。

■ 社会保障から生活保障へ

　厚生労働省が取り組んでいる介護・医療施策を、まず、広義の福祉としてイメージしている人が多いのではないか。しかし我が国の社会保障制度のスタート地点である1950年（昭和25年）の社会保障制度に関する勧告によれば、社会福祉とは「疾病、負傷、分娩、廃疾、死亡、老齢、失業、多子その他困窮の原因」への経済保障とあるように、貧困・生活困窮対策がメインであった。

社会保障制度審議会は、この憲法の理念と、この社会的事実の要請に答えるためには、1日も早く統一ある社会保障制度を確立しなくてはならぬと考える。いわゆる社会保障制度とは、疾病、負傷、分娩、廃疾、死亡、老齢、失業、多子その他困窮の原因に対し、保険的方法又は直接公の負担において経済保障の途を講じ、生活困窮に陥った者に対しては、国家扶助によって最低限度の生活を保障するとともに、公衆衛生及び社会福祉の向上を図り、もってすべての国民が文化的社会の成員たるに値する生活を営むことができるようにすることをいうのである。

（社会保障制度に関する勧告、1950）

　これに対して、社会保障は生活保護や公営住宅をはじめとした制度を通じて貧困状態や抑圧状態から国民を救済・解放してきた。3章で述べた通り、女性の社会進出や親の職業にしばられない社会、一人ひとりが自分らしく暮らせる時代を築いた。しかし、このような個人個人のライフスタイルが充実すれば、それだけ多様なライフスタイルが生まれる。選択の自由が広がればミドルクラスは減少し、一部の強者と多くの弱者という構図に帰結する。ライフスタイルの多様化によって生じた弱者は、ミドルクラスのためのセーフティネットを簡単にすり抜ける。以前はそのセーフティネットを陰ながら支えていた近代家族や地縁の紐帯・連帯も崩壊している以上、いったん弱者になると、自身の存在そのものを受けとめてくれる受け皿が自分しかない。
　これを自己責任と指弾することもできるが、むしろ従来の世帯を基調とした社会保障からの転換期ととらえてみたい。ブリュノ・ラトゥル[注1]は、これからの時代の共生の在り方として、「個人単位での生活が安全（security）で保護されていて安心（safety）しているという感覚がもてること」が重要だと指摘する。高齢期の自己実現もこのような安心感が重要ではないか。
　社会保障制度については、社会の変化に合わせて個人単位の生活保障型へと転換すべきという議論がある。大沢（2013）[注2]は「生活が保障されるとは、暮らしのニーズが持続的に充実されること」であり、「暮らしのニーズが持続的に充足される上では、生活を営む場や所得を得る機会＝選択肢が必要であり、稼得活動や地域生活を行うとは、メンバーとして承認されて社会に参加するこ

と」だと指摘する。

　社会保障のパラダイム転換とは少し大げさではあるが、一人ひとりが楽しく（不安なく）自己実現できるように支援する生活保障制度に変化していくということであり、本章で論じる地域包括ケアシステムも、まさにそのような個人保障型の制度の一つであると考える。

❸ 社会的公正の追求

　さらにその背景にある、社会的公正についても少し整理しておきたい。たとえば 2021 年に、「親ガチャ」という言葉が流行後大賞で TOP10 に入った。ゲームのガチャガチャになぞらえて、どのような親のもとに生まれるか、家庭環境によって人生が左右されるということである。2 章で示したアンケートによる「世代を超えた不安」も、つまるところ健康と金についての格差不安である。また大正時代から使われてきた「上級国民」という言葉が再燃したり、それなりの教育を受けてきた（大学を卒業した）のに就職・結婚等が上手くいかない社会のことを「無理ゲー（攻略することが不可能なゲーム）社会」と呼んだりする。

　このように経済面だけでなく、男女間、都市部と地方部など、格差が広がる社会を指して分断社会とも呼ぶ。このような状況を放置することで、世界的に見れば、社会の至る所で無差別テロなどが起きるということが、知られることになった。個人による無差別テロや無理心中などの事件は、必ずしも若い世代だけでなく、将来に絶望した中高年やシニアが犯人のケースもある。

　そこであらためて、格差を解消する論点として、社会的公正という言葉が注目されている。

　社会的公正は、語られる文脈によって、多様な意味を含む。筆者は次の三つに集約できると考えている。

　一つ目の論点は、貧困や経済的格差の解決を図ろうという視点である。ソ連の崩壊までは階級という言葉もあったが、絶対的貧困・相対的貧困、雇用の不安定化、都市と地方の格差、持続可能な開発など、主に資源分配の不公平を是正すべきという論点である。これは従来の社会保障制度の論点でもあり、引き続き重要である。

二つ目の論点は、社会的排除の解決である。言い方を変えれば包摂力のある社会（社会的包摂）である。たとえば人は病気になって体調を崩したり、事故等により障害を抱えることになったら、一巻の終わりなのだろうか。2章図4のアンケート（p.26）では、健康や病気、介護が必要な状態になることに強い不安を感じている。疾病・障害の有無、人種や文化の違いなどに端を発する様々な困難を抱えるなかで、「社会の諸活動への参加が阻まれ社会の周縁部に押しやられている状態」の解消を目指すことが重要だという論点である。一つの解決手法として、エンパワーメントと呼ばれる、社会参加の機会を提供したり、公的な意思決定場面での参加を保障したり、当事者が自分に自信をもち自らの能力を引き出す支援をすることがあげられる。困難を抱えている方が、自分の力で考えて、自分の暮らしをより良いものにしていくことができるように、社会的仕組みや物的環境を整えようという考え方である。

　三つ目の論点は、自己実現機会の平等化である。経済的に困窮しているわけでもなく、また病気や障害があるわけでもないが、自尊心が損なわれたり、自己実現が図れないことを不満に思うという問題である。たとえば、子どもが生まれることは一見して幸せなことに思えるが、女性の視点にたてば就職活動での苦労・自分で築いたキャリアという観点から、いま・このタイミングで良いのかという不安にさいなまれる。このほか、転職すること、離婚すること、親の介護、SNSでのデマやいじめなど、生きることそのものがチャンスでもあり、リスクでもある。自由で自律した時代に、自分らしく生きる自己実現機会が平等であると感じられる社会をどうつくるか。人生100年時代、自己実現の機会が奪われない、何度でも新しいことにチャレンジして、安心して楽しく暮らすことができる社会をつくることが課題となっている。

4 地域福祉の変化

　このような社会保障から生活保障へのパラダイム転換に対して、地域福祉も同様の方向に進んでいると考えられる。武川（2013）[注3]によれば、戦後、大きく三つの点で変化が起きている。一つは支え合いの単位が、町内会・自治会・PTAといった世帯単位で加入する集団から、NPO法人やワーカーズコレクティブといった個人単位のネットワークへと変化している。もう一つは、行政が

公的福祉の責任者として福祉サービスのニーズを決めてサービス内容を給付する措置の時代から、当事者の自立と尊厳を守り（当事者主権[注4]）、当事者がサービスを選んでいく地域包括ケアシステムに変化した。三つにはこれら変化に合わせて、行政が旗を振る社会福祉に住民が参加する時代から、地域ごとに協働してニーズを掘り起こし支援内容をつくり上げていく地域福祉の時代になった。

▶▶ 2 立場で異なる地域包括ケアシステム──三つのイメージ

■ 法令上の地域包括ケアシステム

　まずはじめて地域包括ケアシステムを知る方のために、法令上の定義から紹介したい。地域包括ケアシステムが、定義されている法律は、介護保険法ではなく、「地域における医療及び介護の総合的な確保の促進に関する法律」である。第2条で次のように定義されている。制度紹介の場面でよく出てくる、中学校区とか30分圏内といったことは書かれていない。

　　地域の実情に応じて、高齢者が、可能な限り、住み慣れた地域でその有する能力に応じ自立した日常生活を営むことができるよう、医療、介護、介護予防（要介護状態若しくは要支援状態となることの予防又は要介護状態若しくは要支援状態の軽減若しくは悪化の防止をいう。）、住まい及び自立した日常生活の支援が包括的に確保される体制をいう。

（地域における医療及び介護の総合的な確保の促進に関する法律第2条）

■ 生きる力

　「その有する能力に応じ自立した日常生活を営む」とは、どういうことだろうか。地域包括ケアの根底には、"人間は本来「生きる力」を持っている"という考え方がある（猪飼、2017）[注5]。元気な時は、自分の持つ力（power）や身体的・精神的・社会的資源（resource）を使って、地域資源・社会資源に自力でアクセスして、自己実現を図っている。たとえばバスに乗る、買い物をする、散歩をするなど、日常生活でよくあることでも、身体的・精神的・社会的に虚

弱になると、バス停に椅子がないので長時間待てない、認知機能が低下しバスの系統図を読みこなせないなど、外出することの一つ一つがリスクになる。まちづくりにおいて、開発されそうな里山の保全運動に加わる、地元の祭りやイベントの手伝いをするといったことも、身体的・精神的・社会的資源に余裕がなければ、得られる機会とリスクのバランスのうえで、活動の負の面が負担になり、取り組む前から不安になる。この一人ひとりが持つ生きる力を、弱らせないように、取り戻せるように支援していく（エンパワーメント）ということが含意されている。

3 ケアの本質

　生きる力についてふれたので、哲学的ではあるが、メイヤロフ（1987）[注6]のケアの本質についても述べておきたい。メイヤロフは、ケアの定義を「その人が成長すること、自己実現することを助けることである」とする。

　ケアをする人は、「ケアを通じて人生の価値や活動を総合的に位置づけて、自分の居場所をつくり、自分の人生を生きる」。つまりは、ケアとは自分自身の自己実現を助ける行為でもある。地域包括ケアとは、弱って困った人のための仕組みではなく、このようなケアする人の自己実現という考え方が広がることで、双方が居場所をつくり自己実現しやすいまちを創るということでもある。

4 地域包括ケアシステムに関する動き

　次に地域包括ケアという概念の歴史について簡単に紹介したい。地域包括ケアは、先に地域での実践があってのちに、地域包括ケアと命名[注7]され、制度化されたものであると理解している。公式には 2012 年が地域包括ケア元年と呼ばれている。地域実践としては、1980 年代以来、広島県尾道市（旧御調町）において、山口昇医師が提唱した医療と福祉にまたがるケアの実践、1990 年代の生協運動による取り組みなどがある。

　2011 年に、地域包括ケアシステムの姿として、提示されていたのが図1である。地域包括ケアを実現するためには、日常生活圏域（おおむね 30 分でかけつけられる圏域）で、医療・介護・予防・生活支援・住まいの五つが、適切に組み合わさり、たとえば入院をしても退院後にはすべてのサービスが切れ目

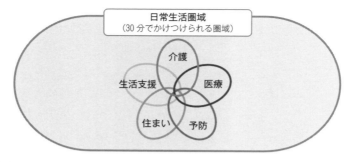

【地域包括ケアの五つの視点による取り組み】
地域包括ケアを実現するためには、次の五つの視点での取り組みが包括的（利用者のニーズに応じた①〜⑤の適切な組み合わせによるサービス提供）、継続的（入院、退院、在宅復帰を通じて切れ目ないサービス提供）に行われることが必須。
　①医療との連携強化　②介護サービスの充実強化　③予防の推進
　④見守り、配食、買い物など、多様な生活支援サービスの確保や権利擁護など
　⑤高齢期になっても住み続けることのできるバリアフリーの高齢者住まいの整備（国交省）

図1　地域包括ケアシステムの初期のイメージ（出典：厚生労働省、一部著者改変）

なく在宅で受けられることを想定している。30分というのは、自宅で不安を訴えたときに体感として支援者が来てくれると安心できる時間であるから、夜間帯に車でかけつけられるのであれば、相当広い圏域である。宮島（2013）注8によれば、当初は、「要介護度3以上であっても、自分の家で暮らせる」ということを想定したものであった。

　これを支えた具体的なプロジェクトの一つに、長岡福祉協会こぶし園の取り組みがある。大規模な特別養護老人ホームを解体して、要介護度が3以上であっても、自宅（サービス付き高齢者向け住宅を含む）で24時間365日暮らせる状況をつくるという取り組みである。

　その後、地域包括ケアシステムの紹介として利用されているのが有名な植木鉢の図（図2）である。2025年を目途として、重度な要介護状態となっても住みなれた地域で自分らしい暮らしを人生の最期まで続けることができるように、住まい・医療・介護・予防・生活支援が一体的に提供されることを、地域包括ケアシステムの構築と定義づけた。2025年に団塊の世代が後期高齢者になるころには、認知症高齢者の増加も見込まれることから、2012年を地域包括ケアシステム元年と位置づけて、約4期（1期3年）12年かけて地域包括ケアシ

図中のテキスト：

コミュニティケア
（Community care）
朝晩の声掛け
1日3食
移動
集いの場
総合相談

介護・リハビリテーション

多職種連携
（Integrated care system）

医療・看護

保健・福祉

介護予防・生活支援

すまいとすまい方

本人の選択と本人・家族の心構え

地域資源を包括的に使って暮らしていく
（Comprehensive community care system）

＋コミュニティ（仲間、役割、生きがい、居場所）

図2　地域包括ケアシステム（出典：三菱 UFJ リサーチ＆コンサルティング注9 を一部著者改変、吹き出しとコミュニティについては筆者が加筆）

ステムを、市町村単位でつくりあげていくというものである。

5 三つの地域包括ケアシステム

　地域包括ケアシステムは、語る立場や受けてきた専門教育によって、イメージすることの力点がだいぶ異なるようである。筆者のこれまでの経験では、英語でいえば三つの側面を強調している。

　まず地域福祉・高齢者福祉の文脈として語られることの多いコミュニティケア（Community care）のことを指す場合である。この場合、図2の生活支援の部分に着目している。たとえば家族がいれば、いわゆる見守りとしての朝晩の声掛け（おはよう、体調どう？　おやすみ）と1日3食は、よほど仲が悪いか虐待ということでもなければ対応できるものである。そのほか通院や買い物などの移動支援も家族がしてくれるし、不安なことがあれば相談もできる。このような生活支援を、家族に代わって地域が支え合い、専門職による支援を受ける。この部分を昨今の介護保険制度に合わせて、また地域で先細る担い手を育成しつつシステムとして機能することを、地域包括ケアシステムと呼ぶグループである。

　次に、特に医療関係者（医師・薬剤師・歯科医師・看護師・リハ職等）が考

えている地域包括ケアシステムは、多職種連携（Integrated care system）のことである。本来、病院で長期入院して最期を迎える患者が在宅ケアを受ける。病院であれば、医療・看護、介護・リハビリテーション、保健・予防が一つの医療法人内で一体となって受けられるが、自宅に戻ると事業者は異なり、それぞれがそれぞれの方針を持つ。そのような状況でも、エビデンスに基づき、病院・施設で受けるケアと在宅で受けるケアには、生存確率や生活の面で差がないことなどに注意を払う。特に在宅ケアとなれば、病院、診療所、訪問看護ステーション、居宅介護支援事業所（ケアマネジャー事業所）、訪問介護事業所（ヘルパー事業所）など、それぞれ経営の違う主体が、しかしスムーズに連携しなければならない。この点の多職種連携のシステム化を中心にした考え方である。

　三つ目は、地域資源の活用（Comprehensive community care system）モデルである。高齢者は増えるが担い手は減る。経済的状況は成長志向ではなくよく言えば成熟、悪く言えば長期デフレの時代にあり、市町村の財源にも限りがある。地域包括ケアシステムという言葉の立案者である猪飼周平氏によれば、「人間の暮らしは、複雑で個別的であり、人間の暮らしを支えるにはおのずと総合的・包括的でなければ支えきれない」[注5]。地域包括ケアは、ある人が、地域で暮らすなかで包括的に社会資源・地域資源を活用しまた社会資源・地域資源を育ててきたなかで、身体機能・認知機能・精神的機能・社会的機能が低下しても、引き続きその資源にアクセスし続けられるように支援することである。もちろん税金だけではなく、社会資源・地域資源を最大限活用してコストパフォーマンスの良い高齢者を支える環境づくりが重要と考えるグループである。

　この地域包括ケアシステムは、医療介護資源だけでなく、バス等の公共交通機関やコンビニ・郵便局等の社会資源、町内会・民生委員・老人会等がつくる居場所や助け合いなどの地域資源を含める考え方である。

▶▶▶ 3　地域包括ケアシステムを取り巻く多様な視点

■1 姿の見えない地域包括ケアシステム

　しかしながら、「これが地域包括ケアシステムであるという、完成形を一度も見たことがない」と、揶揄されることが多い。医療、介護、介護予防、生活

支援、住まいが一体となって、自分らしく暮らせるとは、具体的にどのような
まちか。具体化されたまちのモデルがない要因について、まちづくりの立場か
らは、高齢社会を取り巻く多様な理念・多様な視点が多すぎ、当事者である高
齢者自身が、どのような理念でいくのか実態として議論できていないためでは
ないか、と考える。

　社会的公正の三つの論点、地域包括ケアシステムにも三つの論点があるとし
たが、その他、超高齢社会を取り巻く理論は、多数の視点がある。どれか一つ
を選んですがりつくというようなものでもなく、組み合わせて自分たちの暮ら
しやすい理想の姿を目指すことが重要である。以下では、住民目線で、理解し
ておいたほうがよいと考えるいくつかのモデルについて解説してみたい。

2 障害の医療モデル、社会モデル、生活モデル

　障害の医療モデルとは、個人の身体的な異常が、何かしらの障害を引き起こ
しているという考え方である。これに対して、医療やリハビリテーションによ
り、病気を診断し治療をして解決を図る方法である。

　もう一つは、1970年代以降に登場した障害の社会モデルである。たとえば、
私は普段から眼鏡を使用しているが、もし眼鏡がなければ日常生活に多くの困
難を抱える。障害に起因する不利益の原因を、社会環境や物的環境が十分対応
できていないことに求め、その解決を図る方法である。バリアフリーやノーマ
ライゼーションと同じく、社会の在り方を変えようとする概念である。

　一方、「いままでできていたことができなくなる」という当事者の不安・羞
恥・苦しみなどに対しては、二つのモデルを統合しても十分に対応はできない。
これに対して、障害の生活モデル[注10] がある。高齢者が初めて認知症になるとき、
初めて常時ベッドでの生活を体験するとき、生きることの目的や目標、何が解
決すれば自身の生活の質が向上するのか当事者自身もわからない。近年では「寄
り添う」とか「伴走型」という概念が用いられるが、障害によって困っている
人がその不安・羞恥・苦しみに寄り添いともに考えてくれる（解決してくれる
のではなく）人とつながれる社会を目指すものである。近年の居場所やサード
プレイス論につながる考え方である。

❸ 二つの自立モデル

　地域包括ケアシステムにおける、自立とは何か。自立という言葉は、古くは「社会保障制度に関する勧告」（昭和25年10月16日社会保障制度審議会）に始まり、生活保護法、障害者基本法、障害者自立支援法などでよく出てくる言葉である。たとえば、「自立を助長する」とは、公私の扶助を受けず自分の力で社会生活に適応した生活を営むことができるように助け育てていくことである、とされている[注11]。自立した姿を「公私の扶助を受けず」としているところが、ポイントである[注12]。

　この意識を強くもつ有識者はそれなりに多く、たとえば生活保護を「卒業」するとか、介護保険を「卒業」するとか、「卒業」という言葉が使われる。すなわち一つ目の自立のイメージは、回復型の自立である。病気や障害等によって、本来自分の力で社会生活に適応した生活を営むことができなくなったときに、フォーマル・インフォーマルなケアが提供されて回復し、再び生活を営むことができ、自分らしく暮らしていけるようになることを想定したものである。たとえば、70歳で脳梗塞となり、早期発見・早期治療により半年程度で再び社会復帰していく、このようなイメージの自立である。

　もう一つは、伴走型の自立である。障害の社会モデルやノーマライゼーションの観点から考える自立支援とも言える。厚生労働省の上記資料では、「本人が自らの生活を自らの責任で営むことを基本としつつ、それだけでは生活が維持できない場合に必要な援助を行うという考え方」としている。たとえば、88歳で老化に伴い、本人の有する身体的・認知的機能が徐々に低下していく場合、当事者の意思に反してでも無理に回復を目指すのではなく、低下する機能や回復しない機能に寄り添い（伴走し）、その方が自分らしく生活を営めるように支援していくことを想定する考え方である。障害等があっても、その能力を活用して社会的に孤立しない支援である。

　さらに障害の生活モデルの観点からの自立があるのでは？と考えたいところだろう。それがこの本全体の問いである、「自己実現をどのように支援するか」ということになるのだと考える。そのカギは「いかに生きるべきか」をどのように支えるかという議論になる。自立とは何かは、私の専門ではないので、あくまでも二つの見方があるという紹介にとどめておくが、まちづくりの仕組み

づくりの観点から、身近な場所で純粋な関係がある居場所を自分でつくること
を支援することが、実践的な応答になるのではないかと考えている。

4 在宅医療の三つのモデル

　次章で詳しく述べる在宅医療にも、大きく三つのモデルが存在すると考える。
自分がどのタイプの在宅医療を望むのか、地区医師会やかかりつけ医はどのよ
うな在宅医療を考えているのか、あらためて調べてみたり、お話を伺ってみる
と良いのではないか。

　一つ目は、看取り重視モデルである。ガンの末期などで麻薬による疼痛管理
など医療の必要が高いケースであっても、本人が自宅に帰りたいと望むのであ
れば、自宅で看取り対応しようという考え方である。

　二つ目は、重度在宅モデルである。要介護3〜5という、従前であれば施設
入所となるケースであるが、多職種連携によって施設と同じ水準のケアを自宅
でも受けられるようにする。しかしながら看取りまでは想定せず、人生の最期
の期間は、入院や施設でも良いのではないかという考え方である。

　三つ目は、軽度在宅モデルである。医療資源の少ない地方都市で採用されて
いることが多い。要支援・要介護1〜2の段階で、早めにかかりつけ医が在宅
ケアを提供していくパターンである。地方都市になると交通手段が限られ通院
等が困難であることが多い。そのため、通院を我慢して、結果的に症状や介護
状態が悪化して緊急搬送されるということがある。早期にかかりつけ医が訪問
診療を行い、在宅生活を営める期間をなるべく伸ばすという考え方である。逆
に言えば、要介護度が3以上になれば、療養病床、老健施設や特別養護老人ホー
ムの入所でも良いということになる。地域特性を活かした一つのあり方であ
る。

5 公助モデル、互助モデル、市場モデル

　よく聞かれる話題に、「地域包括ケアですか、地域包括ケアシステムですか」
というのがある。私の経験では、これも職種や受けてきた専門教育によって使
い方が異なる。おおむね、地域包括ケアは、個人に対して地域資源の活用を含
む包括的なケアが切れ目なく提供されるイメージである。一方、地域包括ケア

システムは、その個人に対するケアを現在の公的財源の範囲内でどのように効率よく（社会保障財源を破綻させずに）提供するかという場面で使われているのではないか。

　その際、地域包括ケアシステムは、我が国おいては互助モデルが採用されている。地域包括ケアシステムを運営していくうえで、全額公費（税金）モデル、全額市場モデルなども考え得るが、我が国では互助を入れた混合型の運営である。（この互助のなかに、介護保険制度としては意図していないが、実態としては家族も資源に含まれている。）現在、介護保険料の全国月額平均は6000円前後であるが、仮に全額国費で賄おうとすれば、月額保険料は3万円を超えるとの試算もある。厚生労働省の考える地域包括ケアシステムには、住民組織、共同募金収入、コンビニや交流拠点等がすでに組み込まれた状態で描かれている。しかしながら、5章で論じた通り、現代的な互助のあり方は大きな変革期にあり、互助を介護資源として期待するには新しいアプローチが必要となるのではないか[注13]。

▶▶▶ 4　求められるのは理念の整理とまちづくりとしての対話

　地域包括ケアが捉えにくいのは、地域ごとに創意工夫で取り組まれてきた"良いこと（実は悪習も含めて）"を文字通り包括的に取り込んで、フォーマルな医療介護資源の不足を補いつつも、現場対応を続けてきたためではないか。それ自体は決して悪いことではないし、強い実践のなかで、それぞれの論点に学問があり、深い議論があると理解している（表1）。

　しかし、まちづくりの立場からは、地域包括ケアシステムという以上は、これらを組み合わせてどのようなまちを目指すのか、その都市像・地域像を住民同士が率直に議論することが重要だと考える。

　私がまちづくりの立場で、地域包括ケアに関する会議に参加するとき、たとえば「社会的公正」「在宅医療」「地域包括ケア」「自立」について、それぞれの委員が特定の論点を支持していると感じることがある。委員構成が偏っていると言いたいのではなく、それぞれの委員が考える「あるべき地域包括ケアシステム」の理念と、当事者である地域住民の目指すニーズとのずれが気になる。

当事者が満足しないだろう理念に対して、行政が協力してくださいと呼びかけても、面的な展開が上手く進まない。専門家として当事者に誤解があるというのであれば、対話を通じて誤解を解かねばならない。

　たとえば、高齢者の貧困世帯を対象に、なるべく自宅で看取りの時期まで暮らせるシステムをコミュニティケアを中心に地縁組織に担ってもらいたいと考える専門家に対し、団塊世代の趣味型でつながる互助を通じた自己実現社会を想定し、看取りまでは望まないが重度要介護になっても多職種連携によって支えられるまちをイメージする専門家もいる。在宅医療についても、たとえば今後高齢者の人口が2倍に増える地域において、病院のキャパシティを超えた高齢者を、在宅医療で対応するパターンもあるだろうし、軽度在宅型の在宅医療と地元のおばちゃんたちによるコミュニティケアとでタッグを組んで、なるべく在宅で過ごせる期間を2倍に伸ばしたり、退院しやすくして入院期間を1/2にすることで、病院のキャパシティオーバーを防ぐ方法もある。在宅看取り重視の委員が熱心に議論しシステムを構築しても、当事者の共感が集められなければ、結局は大病院信仰を変えていくことはできない。

　当事者である我々はどのような理念で支えて欲しいと考えるのだろうか。またこれからのまちづくりを話し合うときに、どのようなメンバーを迎えて、どのような話し合いをするのか。近年では、地域福祉の会議、地域ケア会議、生活支援体制整備事業の協議体といった、対話の場の機能を有する事業が多数あ

論点	類型		
社会的公正	貧困対策	社会的包摂	自己実現
障害のとらえ方	医療モデル	社会モデル	生活モデル
在宅医療のあり方	看取り重視	重度在宅重視	軽度在宅重視
自立モデル	回復型		伴走型
地域包括ケア	多職種連携 Integrated care system	コミュニティケア Community care	地域資源の活用 Comprehensive community care system
社会保障の負担	公費モデル	互助モデル	市場モデル
互助のつながり方（5章）	組織（地縁）型	使命（活動）型	趣味（選択縁）型

表1　地域包括ケアをめぐる多様な理念 (出典：著者作成)

り、そのような場で意見の調整が図られていくのだとは思うが、あまり自覚的ではないようにも思う。このようなパブリックな会議ではなくとも、身近な仲間や家族と、どういう理念で2040年頃を迎えたいか、（ひとまず合意は志向せず）話し合うことが大切ではないか。専門家はそこから住民の共感を得られる理念を紡ぎ出さなければならない。

注
1 ブリュノ・ラトゥール（2019）『地球に降り立つ』川村久美子訳、新評論
2 大沢真理（2013）『生活保障のガバナンス──ジェンダーとお金の流れで読み解く』有斐閣、p. 4
3 武川正吾（2013）『シリーズ福祉社会学1 公共性の福祉社会学──公正な社会とは』東京大学出版会
4 中西正司・上野千鶴子（2003）『当事者主権』岩波文庫
5 猪飼周平他（2017）『今あらためて生活モデルとは？』30年後の医療の姿を考える会
6 ミルトン・メイヤロフ（1987）『ケアの本質』田村真・向野宣之訳、ゆみる出版
7 地域包括ケアの命名者は、注5の猪飼周平氏である。
8 宮島俊彦（2013）『地域包括ケアの展望──超高齢化社会を生き抜くために』社会保険研究所
9 三菱ＵＦＪリサーチ＆コンサルティング（2016）「〈地域包括ケア研究会〉地域包括ケアシステムと地域マネジメント」（地域包括ケアシステム構築に向けた制度及びサービスのあり方に関する研究事業）、平成27年度厚生労働省老人保健健康増進等事業
10 注5に詳しい。
11 社会福祉法人全国社会福祉協議会（2021）「改訂増補生活保護法の解釈と運用」
12 厚生労働省の自立に関する見解は以下のWEBサイトで確認できる。
 (https://www.mhlw.go.jp/shingi/2004/04/s0420-6b2.html)
13 神奈川県川崎市が主催した超高齢社会の到来に向けた地域包括ケアシステムのあり方検討会議において、金井利之氏（東京大学）から、介護保険制度は地域資源や互助を利用する方向で個別には改善が進んでいるものの、システムである以上は、ニーズを可視化して必要量（配置する職員・専門職数や予算）を示すべきとの指摘があった。互助を介護保険制度に取り入れる先進事例が紹介される一方で、量的な整合性がなければシステムとしては持続可能ではない。神奈川県川崎市（2019）「超高齢社会の到来に向けた地域包括ケアシステムのあり方検討会議第4回議事録」

7章

地域包括ケアシステムを支える
制度の実際

施設から在宅へ、地域へ

　「姉が、私の親代わりになって、女学校まで出してくれたの。苦労した姉なのに、甥っ子夫婦が薄情で老人ホームに入れてね。お見舞いに行ったけど、もう何にもわかんなくなっていて（重度の認知症）。甘いものが好きだったから、夏ミカンのゼリーを口に持って行ったのよ。何にも言わないのだけど、一生懸命キレイに食べてくれて。「お姉ちゃん、こういうの好きだったよね」といったら、全部吐き出してしまった注1。施設に入れられて、こんなことになってしまって、情けないなと心底思った」（70代・民生委員、在宅医療の魅力を伝える講話で、「在宅医療なんてきれいごとを押し付けるな」と怒った方と帰りのエレベーターで一緒になったときに、「私は、施設は嫌だ」と語ってくれた話）

▶▶▶ 1　病院医療の行方

■ 地域医療構想

　本章は、筆者が東京大学高齢社会総合研究機構において、辻哲夫氏のもとで取り組んだ、千葉県柏市、福井県坂井市・あわら市、岩手県釜石市等でのプロジェクトに基づき論じている。これから20年間で重要になる主に在宅医療を含む地域包括ケアシステムに関する制度やサービスに絞り、まちづくりとして理解しておくべき論点についてまとめた注2。

新型コロナで、急性期病床が足りないというニュースを聞く機会が増えた。我が国の病床は、大量看取り時代に向けて地域医療構想によって計画的にマネジメントされている。「病床（ベッド）が空いているのだから、入院させれば良いではないか」という簡単な話ではない。病床を稼働させるには、医師や看護師等の従事者が必要となる。また病床を稼働させても、患者が自宅では療養できず、退院してくれなければ新しい患者を受けとめることができない。まちづくりでは、大きい病院の誘致とかコンパクトシティ施策の一環で中心市街地に施設を再建してはどうかという議論はあるが、地域医療というシステムのなかで機能しているという理解が重要である。

　地域医療構想とは、医療法第30条の4によれば、「地域における病床の機能の分化及び連携を推進するための基準として、（中略）、将来の医療提供体制に関する構想（以下「地域医療構想」という）」である。団塊世代が後期高齢者になる2025年頃を目途に、地域医療の体制をどのように整備しなおすのか、都道府県医師会をはじめとした医療関係者等と都道府県が議論を踏まえてまとめたものである。

　まず病院には役割分担がある（図1）。医療法第30条の3では、二次医療と

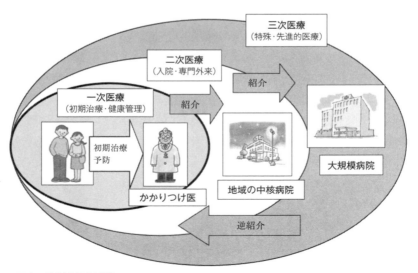

図1　医療の役割分担と連携（出典：福井県『第6次福井県医療計画』2016年）

三次医療についての定めがあり、二次医療とは、いわゆる入院機能のある地域の中核病院のことである。三次医療は大学病院などの特殊・先進的医療である。一次医療は、いわゆる身近なかかりつけ医のいる診療所である。かかりつけ医とは、日本医師会によれば「なんでも相談できる上、最新の医療情報を熟知して、必要な時には専門医、専門医療機関を紹介でき、身近で頼りになる地域医療、保健、福祉を担う総合的な能力を有する医師」と定義されている。

　高齢者の後期高齢化に伴う医療需要増加に対して、地域医療構想の想定としては、まず近所の診療所でかかりつけ医に診てもらう。その後紹介状を持って二次医療、三次医療にかかることが重要とされている。数年前の診療報酬改定で、大学病院等の三次医療を受けるには紹介状が必要となり、紹介状がない場合には、7500円程度の手数料がかかるようになった。まちづくりの話し合いで、「大学病院を誘致する」というが話題に上ることがあるが、これは相当な誤解があると言える。まず私たちにできることは、身近で頼りになる、かかりつけ医を持つことである。

② 急性期病床の行方

　病院の病床にも役割分担がある。大きくは四つ、高度急性期（いわゆるICU集中治療室）・急性期・回復期・慢性期病床である。たとえば脳卒中の場合の医療連携体制のイメージで考えてみる（図2）。脳卒中で倒れた場合、二次医療の急性期病床に救急搬送される。この対応が早ければ早いほど、回復が早いのは皆さんのよく知るところである。この急性期病床における脳卒中の患者の平均在院日数は7日程度である。8日目には、たとえば回復期病床や老健施設に転院してリハビリに専念することになる。この回復期病床や老健施設も90日と在院日数の目安が決められている。さらにこの回復期で自宅に戻れない場合、療養病床（介護療養院）に転院することになるが、療養病床も早ければ約半年で退院することになる。つまり脳卒中になって遅くても1年以内には自宅に戻れる仕組みである。

　脳卒中なのに急性期7日間は短いと驚く人が多いかもしれないが、特に高齢者は2週間ベッドの上で寝たきり状態であると、7年分の筋肉を失い、さらに社会復帰が遅れる。患者の「早く良くなりたい」という気持ちに対して、なる

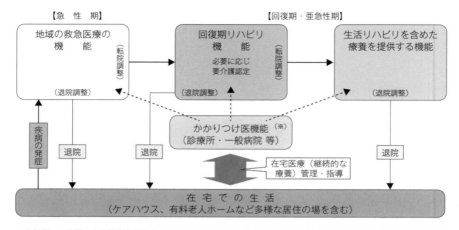

図2　脳卒中の場合の医療連携体制のイメージ（出典：厚生労働省『厚生労働白書』平成18年版）

べく早く退院して、リハビリに移行することが標準治療ということである。地域医療構想では、二次医療圏単位で、将来どの程度の医療需要が見込まれているのか、どの程度の病床が必要とされているかが計画されている。また、後述の在宅医療需要についても含まれている。在宅医療には、自宅だけではなく、施設系での看取り数なども含まれている。市町村は、特別養護老人ホーム等を整備する際に、地域医療の需要と合わせて、計画的に整備していく時代となった。

3 病診連携とかかりつけ医

　退院して自宅に戻ると、病気が完治するまでは定期的に通院しなければならない。高齢者の場合は、完治というよりも病気と長く付き合う場合が多い。子どもからすれば自分の親のことであるから自宅に戻ってきて日々の通院を支援したいところだが、若い世代にはそれぞれの仕事や家庭がある。自分の親だからといって、子どもがすぐに退院を受け入れられるわけではない。

　この際、子ども側の合言葉として、「良くなったら戻ってきてね」というの

をよく聞く。これはなかなか罪深い言葉である。子どもからみた「良くなった
ら」というのは、たとえば自分の力でトイレに行けるとか、食事を温めて自分
で食べられるとか、通院できるとか、家族が不在でも基本的な生活ができる状
態であれば、家に戻っても良いということだろう。しかし当事者は、すぐにで
も家に帰りたいわけである。家族にそう言われたら仕方ない。まずは回復期病
床でリハビリを頑張るが、それでもなかなか家に帰れず、一つの病院や施設に
長くいることもできず、転々とする間に、認知症が進み、ますます家に帰りに
くくなる。

　そこで、かかりつけ医による在宅医療の出番である。病院側と診療所側の医
師が、それぞれ情報を共有し、役割分担を決めて連携する（病診連携）。退院
患者をかかりつけ医につなぎ、退院と同時に自宅で訪問診療をしてくれれば、
通院の問題が解決する。夫婦共働きといった現代的な子ども世帯にとっては、
病診連携、かかりつけ医の在宅医療が重要となる。

　医療政策は都道府県が担うというのが基本であるが、個々の在宅医療の局面
では医師と介護支援専門員（ケアマネジャー）の連携が重要となり、在宅医療
と介護の連携については、状況に応じて多職種チームをつくる必要があること
から、市町村が介護保険業務の一環として地域に応じた連携の仕組みをつくる
（在宅医療介護連携推進事業）。

4 介護施設のシェルター化

　病院がダメなら、特別養護老人ホーム（特養）を増やせないか？というのが
話題に上る。

　特養は、寝たきりや認知症などにより24時間常時介護が必要で、自宅での
生活が難しい方のための施設である。特に近年の介護保険法改正のなかで、原
則要介護3以上であることなど、入所の条件が厳しくなった。親が一人暮らし
で不安だからとりあえず特養に入れるということが難しい時代であり、そもそ
も入りたくないという高齢者が増えている。

　私が研究を始めた2010年頃は、「常時介護が必要で自宅での生活が難しい」
というのが、かなり幅広く考えられていた。たとえば、旦那さんに先立たれ、
自宅があり、子ども二人が海外で働く高齢女性のケースである。家もあり、お

金もあるが、子ども二人が海外で活躍していて親の介護ができずに独居になるので、特養に入所しているとのことであった。地方都市の施設であったが、この頃はまだユニットケアではなく、多床室であった。一生懸命働いて、子ども二人を優秀に育てすぎて、家もあるが、同居できる家族がいないので施設に入所している。施設のみなさんには、大変優しくしてもらっているとのことであったが、しかし「どこで自分の人生を間違えたのか」と、愚痴をこぼしていた。

　2022年現在は、このような方は、地域包括ケアシステムを利用して、自宅を終の棲家とすることができる。その一方で、特養は職員体制がしっかりしており介護やリハビリ機能が充実していることから、医療依存度の高いケースや家族による虐待ケースなど、特別なケースのためのシェルターとしての機能を担うことが期待されている。また特養であっても、在宅復帰を促すといった事例も増えてきた。

▶▶▶ 2　在宅医療とは

■ 在宅医療の実態

　在宅医療とはどのようなものか。福井県坂井地区での在宅医療市民啓発プロジェクトで、大嶋一英医師から教えていただいたケースを紹介したい。

　女性（90歳代）で、病名は不整脈と心不全、病院では寝たきり状態であった。冬に自宅で転倒し、大腿骨頸部骨折の診断で手術を受ける。手術後、リハビリを受けていたが筋力の回復も思わしくなく、関節の拘縮を防ぐだけで自力歩行は困難と診断され、寝たきり状態であった。1か月後、食欲不振に加え不整脈による心不全の悪化も認められた。薬物にも反応しなくなり、心臓ペースメーカーの植え込みも考えられたが、本人の「もう何もしなくても良い。このまま自宅に帰らせてほしい。どうせ死ぬなら自宅で死にたい」との強い希望があり、家族の了解のもと春先に退院し、自宅療養となった。寝たきり状態で心不全の悪化があるため、大嶋医師に相談があり、訪問診療と訪問介護を行いながら、心不全の加療に努めた。

　退院3日目頃より尿量が増え、むくみの改善が認められた。これにともない心不全症状の改善とともに食欲も回復し、傍から見ていても元気が出てくる。

毎日のように近所の人達も顔を出して会話をしてもらえるのが本人も嬉しく、退院2週間ほどで心不全はほぼ消失した。生活はベッドの上で寝たきり状態であるが、暮らしの面ではほぼ入院前の状態に戻る。まもなくして週3回デイサービスに行くことになり、入浴を楽しみにして通所していた。この状態が約半年続き、この間ショートステイを月1回利用するなど順調に経過した。晩秋に入り、いつものようにデイサービスに行って帰宅し、夕食を摂りテレビを観て眠ったが、翌朝家族が起こしに行った時は反応がなく、永眠していた。

　本人によると、「この年になると何時死んでもよい」が、一方で「子どもたちに面倒かけたくない」との思いがある。やはり、住み慣れた自宅に居られるのが気楽で一番良く、長期に入院するものではない。なぜ食欲が衰えたのかについては、そもそも病院の食事は美味しくなくて、食べる気がしなかったからと答えている。病室には近所の人も訪ねて来ないし、家族も忙しいから毎日顔を出さなくなる。一人で病院に居るのは寂しいし辛い。楽に死ねるならこれに越したことはないという気持ちになる。

　これに対して、家族は、できるだけ本人の希望通りにしてあげたいと思う。しかし、一日中介護をするのは疲れるしストレスも貯まる。この点では、デイサービスは助かるし、ショートステイの時は本当に心身ともに楽になる。母は、床ずれに苦しむこともなく、自宅で穏やかに最期の日々を過ごせて幸せだった、とのことである。

2 なぜ在宅看取りが可能であったか

　このケースを総括すると、在宅看取りが可能であったポイントがいくつかある。まず、本人が自宅に帰りたいという強い意志を持っていること。次に、地域に帰ると顔を出してくれる近所の人がいるというのはとても重要である。そして一人暮らしだが、家族が近くにいたことで見守りや食事など生活支援を受けやすかった。もちろん、介護保険制度により通所介護（デイサービス）、短期入所（ショートステイ）、訪問介護を使うことができたこと。何より、在宅医療をしてくれるかかりつけ医師と訪問看護師がいたことである。

　それでは、子どもが近くにいない、独居生活でも在宅医療は可能なのだろうか。これを実現するのが地域包括ケアシステムである。住まいがあれば、見守

りを含む生活支援が受けられる。そこに24時間・365日体制の医療・看護・介護体制がサービスを届けてくれる。何よりも、本人が住みなれた場所で暮らしたいという意思がある。

❸ 在宅医療の構造と在宅医療の課題

在宅医療の構造は大きく三つで構成される。①主治医（365日の医療）、②訪問看護・訪問介護（24時間のケア）、③バックアップ病床＝地域包括ケア病床（いざというときの入院）である。この3点が揃わないと、入院患者はいくら戻りたいという意思があっても自宅に帰れない。この3点が、我がまちで整っているだろうか。

現状の在宅医療が進まない課題は、大きく四つあり、いずれも住民の理解や協力が必要だと考える。

一つは、やはり在宅医療に取り組む医師が少ないことである。中長期的に考えるといかにかかりつけ医として在宅医療をしていただくか。やはり我々は日ごろから近所にかかりつけ医を持ち、医師との信頼関係を築く必要がある。

二つ目は熱心な医師がいたとしても、一人の医師だけが頑張り365日休みが取れないのでは持続可能性がない。いかに医師同士がグループを組み在宅医療に取り組むか。

三つ目が、地域ごとに在宅医療と介護の連携を支えるチームづくりのコーディネート役が不在であること。医療と介護連携、一言でいえば、主治医と介護支援専門員（ケアマネジャー）の連携ということになる。現状は、在宅医療に熱心なスター主治医が、腕利きの多職種を集めて在宅ケアに取り組んでいる例が多いようにも見える。利用者も、近所に特定の多職種チームがいれば幸せという状態だ。このような在宅に関わる資源のマネジメントは、市町村の地域包括支援センターが行政の一貫として担う。地域で活躍するケアマネジャーが、在宅医療と介護の連携にある一定水準のレベルで取り組み、かかりつけ医のパートナーになることが期待されている。

これら3点は、地域医療に関わるので、元々は都道府県の仕事であるが、現在では市町村が、まちづくりとして主体性をもって体制を整備していくことが求められる。しかしながら市町村は、医療との接点を限定的に捉え、介護・福

祉の枠組みだけで何とか収めようとしている。そこで4点目は、住民自身が、在宅医療を含む地域包括ケアシステムを積極的に利用していかなければ、需要も増えず供給もできないし、行政を動かしていくことができない。

▶▶▶ 3　地域密着型サービス

■ 地域密着型サービス

　月に1〜2回、定期的に医師が訪問診療をしてくれて365日の医療体制が確保できたとして、次に必要なのは24時間の介護サービスである。介護保険サービスには、通所介護（デイサービス）、訪問介護（ヘルパーサービス）、特別養護老人ホームといった施設系サービスなどがあるが、なかでも重要なのは地域密着型サービスである。2005年の制度改正から導入されて、ゆっくりと広がっているが、いまだに利用者からの理解が薄い。

　地域密着型サービスは、要介護者の住みなれた地域での生活を支えるために、市町村で提供されることが適当なサービスである。事業所の指定権限が市町村にあり、日常生活圏単位でサービス基盤整備などを計画的に行うことができる。本書では、大きく三つ、小規模多機能型居宅介護、定期巡回・随時対応型訪問介護看護、認知症対応型共同生活介護（グループホーム）について解説したい。

■ 小規模多機能型居宅介護

　たとえば要介護度3で認知機能の低下も見られる老老世帯の男性が、長年連れ添った配偶者と自宅で暮らしたいと思ったとき、この小規模多機能型居宅介護（通称、小規模多機能）は利用しがいがある。小規模多機能は、当事者の心身の状況や置かれている環境に応じて、訪問介護、通所介護、短期入所を組み合わせることが可能で、1か月定額料金で利用できるサービスである（図3）。

　たとえば、自宅で過ごしたい人であれば、訪問サービスを中心に1日に3〜4回入浴・排せつ・食事等の介護に来てもらい、リハビリ訓練や趣味の交流などではデイサービスに通い、家族の旅行等で自宅に誰もいなくなる時にはショートステイで宿泊をするといったように、自宅を中心に必要なサービスを足し算で入れていくことができる仕組みである。病気への対応が必要な方には、訪

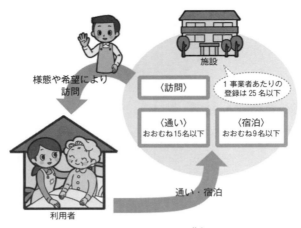

様態や希望により
訪問

施設

〈訪問〉

1事業者あたりの
登録は25名以下

〈通い〉
おおむね15名以下

〈宿泊〉
おおむね9名以下

通い・宿泊

利用者

図3　小規模多機能型居宅介護イメージ（出典：厚生労働省[注3]）

問看護の付いた看護小規模多機能という制度もある。

③ 定期巡回・随時対応型訪問介護看護

　70歳代前半で大腿骨頚部骨折や脳梗塞で倒れたというような場合、定期巡回・随時対応型訪問看護介護（通称、定期巡回）が利用しやすい。元気な時は、図4のように朝起きて、トイレにいって、顔を洗って朝食を食べて、午前中は畑やゲートボールに行き、午後は近所の人と交流する。夕方にお風呂に入って、晩酌をして、トイレにいって寝る。夜中に1度くらいはトイレに起きることもあるだろう。これが、要介護状態になると、ヘルパーさんに昼間の2時間だけ介護に来てもらえたとして、残りの22時間は、家族が頑張らなければならない。仮に日中をデイサービスで過ごしたとしても、まだ1日は15時間ある。日中デイサービスで入浴してさっぱりして、一時的に上がった体温が下がる時にうとうとしてくるので昼寝をしてしまい、昼間たっぷり寝ているので、夜中は目が覚めてしまい過活動膀胱でトイレに行きたくなり、寝ている家族を起こす。このような昼夜逆転生活では、家族も当事者も「早く施設に入れてほしい」となるのは仕方ない。

　そんなとき、定期巡回・随時対応型訪問介護看護では朝のトイレ介助15分、食事介助20分と、10～20分程度の訪問サービスを定額制で利用でき、生活

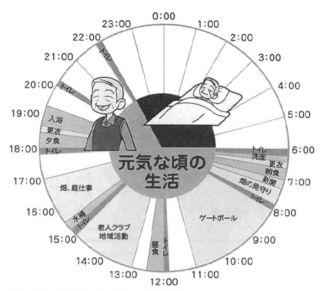

図4　元気な頃の生活と定期巡回・随時対応型訪問介護看護（出典：（株）新生メディカル　定期巡回パンフレット）

を丸ごと支えてもらうことができる。このサービスの強みは、元気だった時の生活のリズムをいち早く取り戻すことであり、当事者の自立や回復が早いといわれている。生活のリズムを刻みなおすことで、夜間はぐっすり眠れる人が多く、深夜帯に何度もヘルパーが呼び出されるというケースは、少ない。

4 認知症対応型共同生活介護

　一般的にはグループホームと呼ばれている、地域密着型の施設サービスである。認知症の診断を受け、自宅で暮らすことが難しくなってきたときに、自宅の近くにあるグループホームに入所する。グループホームは1ユニット5〜9人の認知症高齢者で共同生活を送りながら、介護を受けることができるサービスである。専任職員が24時間いて対応してくれるが、入居者同士で、食事、掃除や洗濯などの家事を分担したり、レクリエーションやリハビリをしたりして過ごすことで、役割のある生活のなかで認知症の進行を遅らせる効果も期待されている。

グループホームの一角に、地域交流施設やミニ・カフェバーなどを併設するなど、地域住民との接点を積極的に開こうとする施設も増えてきた。家の近所のグループホームに入りながら、町内会主催のサロンに顔を出すことも可能であるし、近所のお友達に遊びにきてもらうことも可能である。

▶▶▶ 4　在宅医療を含む地域包括ケアシステム

■1 当事者を中心に回るシステム

　要介護度3〜5と重度の要介護度になり、自力歩行等が困難になった場合、子世帯のどちらかが仕事を辞めるとか、家族で一番優しい子どもや孫に、年金と貯金をあげるから仕事を辞めて一緒に暮らさないかと誘うとか、いまだに現役世代の人生を安く見積もる提案がなされる現実もある。老親・祖父母の提案を受けて、仕事を辞めれば「本当に辞めてよかったのか。自分の人生はなんだったのか」と悩み、仕事を辞めなければ「苦しんでいるのをよそ目に親不孝なままでいいのか」と、複雑な思いを抱えながら介助をし、親が亡くなったときに二重の喪失感に襲われる。

　そのようなことがないように、在宅医療を含む地域包括ケアシステムを住民も自分のためと思って整備していくとよい。図5の通り、まずかかりつけ医に相談し、自宅に診療に来てもらう。これが訪問診療である。自宅に訪問をしてくれるのは、医師だけではない。歯科医師、薬剤師、訪問看護師なども自宅に来てくれる。この多職種をワンチームとしてつなぐのが市町村の地域包括支援センターであり、そのために地域に応じた連携の仕組みをつくる在宅医療介護連携推進事業がある。この事業では、ICTを使った、電子カルテや電子介護記録、家族との情報連携も推奨されている。

　他方で、急性増悪等により入院が必要になったとき、これからの時代、病院側のベッドは満床状態が常である。しかしこの点についても、かかりつけ医がいて退院できる環境が整っていれば、病院側もベッドを準備して受け入れやすくなる。入退院については医師が中心となり、地区医師会による病診（病院・診療所）連携ルールが計画されている。

　高齢者の看取りが増えるなかで課題となるのは、ベッドが満床で救急の患者

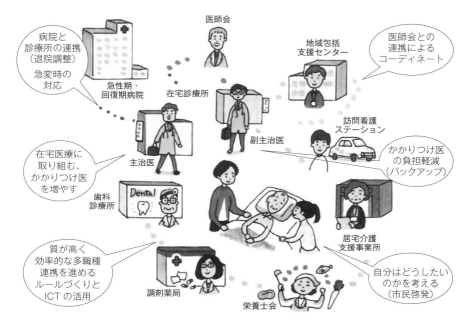

図5　在宅医療を含む地域包括ケアシステム（出典：著者作成）

を受け入れられないことである。特に分母であるベッドが足りないというよりも、分子である患者が社会的入院状態となり退院してくれないのが課題と言える。社会的入院とは、病院にいるほどではないけれども、家に帰れない状態で病院にいることである。家に帰るためには、在宅で受けとめてくれる医師が必要となる。病院需要が逼迫してくると、病院側としては治療が済んだら自宅に戻ってくれる、すなわち在宅で受けとめるかかりつけ医師からの紹介状がある患者さんは良いけれども、そうではない患者さんの入院は困るという話である。

❷ 自宅を中心に回るシステム

次に、自宅を基点としたイメージが図6である。「大学病院に徒歩でも行ける範囲に住むと安心である」というのが、間違った思い込みであることはここまで述べてきた通りである。実際には、自宅を中心に必要なサービスが、必要なタイミングで受けられる地域包括ケアシステムを導入すればよい。それが「地

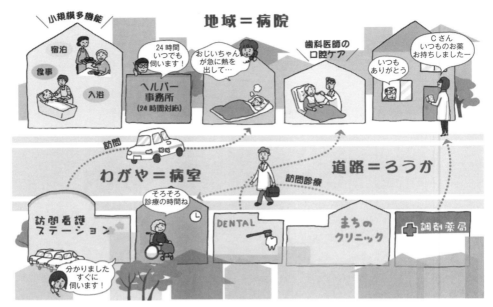

図6　在宅ケアにより地域を病院のように（出典：著者作成）

域を病院に」というキーワードである。

　たとえば自宅でケアを受けたいときに、ナースコールを押して相談し対応してもらう。急変したらどうするのか？という疑問もあるだろうが、そもそも在宅医療を受けているという前提であるから急変しそうかどうかは医師の診たてのなかでマネジメントされている。また容体が安定しないようであれば、病院等へ一時的に入院することもできる。基本的には安定しているから自宅にいるのである。我が家が病院の病室で、家の前の道路が病院の廊下。今は ICT やTV 電話システムも充実しているのでナースコールとして使う。このように自宅を中心にシステムが運用されるまちづくりである。

❸ 地域を中心に回るシステムへ

　さて今後の介護保険制度改正の方向性については、自宅から地域へとさらに深化していくことが想定されている。地域包括ケアシステムに関する今後の方針は、三菱 UFJ リサーチ＆コンサルティングの〈地域包括ケア研究会〉の報

告が一つの指針となるのでフォローしておくとよい。

　現在の提言では、2040年に向けて地域単位で生活全体を支える提言が出されている。小規模多機能型居宅介護を地域づくりの拠点と考えてはどうか、との提案がある。心身を支えるだけでなく、社会的・文化的な生活を支える支援を混合介護（介護保険サービス外のサービスを全額自費負担で利用すること）も含めて組み込むことが重要だとし、元気だったころの生活を要介護でも続けられることを想定している。また、このように介護保険の枠を超えて地域資源を活かしたケアマネジメントを行うためには、中長期的にはまちづくりのことがわかるケア専門職を育てていきたいという意思も読み取れる。都市計画・まちづくりの分野としては、ぜひ積極的に連携していきたい。

▶▶▶ 5　地域包括支援センターと地域ケア会議

　　都市計画マスタープランに高齢社会のテーマを盛り込みたいのですが、
　ひとまず地域包括支援センターが地区ごとに整備されていればよいでし
　ょうか？（ある自治体での一コマ）

■1 地域包括支援センターとは

　地域包括支援センターは、確かに地域の介護力を向上させるという点で欠かせないのであるが、地域包括支援センターを、たとえば中心拠点に立地誘導したところで何かが生まれるわけではない。

　地域包括支援センターは、2006年4月により介護保険法第115条の39第1項を根拠に設置された。設置目的は、「地域住民の心身の健康の保持及び生活の安定のために必要な援助を行うことにより、地域住民の保健医療の向上及び福祉の増進を包括的に支援すること」である。地域包括支援センターの設置主体は、市町村（特別区を含む。以下同じ）であるが、民間事業者等に委託することもできる。全国的には3割が市町村の直営で、7割が民間への委託である。地域包括支援センターは、おおむね中学校区（人口2万人程度）を対象として、保健師等、社会福祉士、主任介護支援専門員の3職種が一つのチームで包括的

支援業務に取り組む。

　地域包括支援センターの業務は、4大業務と呼ばれ、①総合相談支援業務、②包括的・継続的ケアマネジメント支援業務、③介護予防ケアマネジメント業務、④権利擁護業務がある。たとえば、総合相談支援業務は、住民の各種相談を幅広く受け付け、制度横断的な支援を実施することである。高齢者に関することで相談すれば、必ず相談にのってくれる。

　一例として、東京都練馬区は人口約72万人、地域包括支援センターは25か所ある。年間の相談件数は、16万5157件（平成30年度）、1包括支援センター当たり年間6000～7000件、月に500～600件程度の相談である。高齢化率がさらに高まってくると相談件数も多くなる。もちろん相談といっても、身近なデイサービスを紹介して欲しいから、介護だけでなく精神障害や生活保護等の福祉に関わる相談まで幅広い。

2 地域ケア会議とは

　地域ケア会議は、「高齢者個人に対する支援の充実と、それを支える社会基盤の整備とを同時に進めていく、地域包括ケアシステムの実現に向けた手法」と定義されている。地域ケア会議の機能は五つある。

　一つは高齢者個人に対する個別課題の解決を図る機能である。現在では、自立支援型地域ケア会議とも呼ばれて、高齢者の自立支援を主眼としたケアのあり方について話し合われる。専門職だけでなく民生委員や自治会長なども呼ばれて、一緒に支援策を検討することもある。

　次に、この個別課題は限られた介護保険メニューだけでは解決できないため、医療・介護資源の連携、住民による互助活動等との連携など、地域ケア会議を通じて地域ネットワークを構築し、支援することが二つ目の機能である。地域ネットワーク会議では、地元のまちづくり団体に声がかかる。

　三つ目の機能は、このような一つ一つの事例を地域として面的に積み重ねていくことで、高齢者個人の課題としてだけでなく、地域課題として発見していく機能がある。たとえば、この地域は非肥満性高血圧の方が多い（例：漁師さんなど習慣的に缶コーヒーを飲む人が多い地域）、男性高齢者の通いの場への参加が少ないなど、一人ひとりの課題として解決しきれない問題を、地域の課

題として整理していく機能である。

　次に、課題が特定されたところで、たとえばこれまで体操教室を中心に町内会のサロンを実施してきたが、食事や栄養面での内容を盛り込んだらどうかとか、団塊世代の男性が参加しやすい企画を考えてはどうかと、作戦を練ることができる。すなわち四つ目の、地域づくり・資源開発機能である。地域課題を特定したのちに、地域づくりや地域資源開発につなげていき、地域の包括的なケア力をエンパワーメントしていく。

　そして最後が政策形成機能である。地域の医療職・介護職の業務の範疇や連携では対応できず、住民による互助力でも解決できない問題、特に複数の地域ケア会議から指摘される課題について、保険者である市町村に対し、政策提言を行う。たとえば通いの場である公民館が老朽化していて、冬は寒くヒートショックを起こしやすいとか、トイレが和式で使いにくいといった内容まで、提案できる。介護保険制度は市町村が保険者であり、介護予防・日常生活支援総合事業をはじめとした地域支援事業などを柔軟に検討できる。予算等が大幅にかかるものは、介護保険事業計画等へ反映させて計画的に整備していくことも可能ではある。

■3 住民との対話で進める地域ケア会議

　介護保険を利用した個別支援を行うことだけがケア会議というわけではなく、地域資源を包括的に利用してケアを受けていくための地域づくりも地域ケア会議の機能である。しかしながら、増え続ける相談や困難ケースへの対応などで地域包括支援センターは多忙を極めている。また職員は医療・介護の専門職であり、まちづくりは個人のモチベーションとノウハウに依存しやすい。このため、現実には、一つ目の個別課題の解決で手一杯の状態にあり、また地域づくりというよりも、体操教室などの職員が対応できる範囲の事業を実施するので精一杯であることが多い（地域のニーズをくみ取る余裕がない）。

　今後、在宅患者が圧倒的に増えていくなかで、高齢化に対応するまちづくりについて地域ケア会議を活用して、どのように政策提言を進めていけばよいか。一つの方法として、地域住民らが、将来の自分たちのために、地域包括支援センターと連携して、地域ネットワークの形成、地域課題の発見、地域資源を活

用した課題解決（エンパワーメント）などを進めていくことである。

　たとえば東京都大田区入新井にある地域包括支援センターは、〈みまーも〉の愛称で呼ばれている[注4]。ウィロード山王商店街（大森柳本通り商店街）を舞台に、地元の高齢者らを巻き込んで新井宿第一児童公園のリニューアルに取り組み、大田区の公園アダプト制度であるふれあいパーク活動を受託している。また商店街の無料休憩所兼レストランの〈アキナイ山王亭〉、地元の和菓子屋さんと連携した〈みまーもまんじゅう〉などコミュニティビジネスも展開する。専門職だけが活躍しても、圧倒的に増える高齢者にきめ細かくは対応できない。地域を巻き込んで、相談・個別支援とまちづくりを一緒に進めている事例である。

注
1　重度の認知症では、認知機能の低下によって満腹中枢が刺激されずに過食となり、嘔吐する。
2　理論的な背景等については、辻哲夫（2008）『日本の医療制度改革がめざすもの』時事通信社、東京大学高齢社会総合研究機構編著（2014）『地域包括ケアのすすめ』東大出版会に詳しい。
3　小規模多機能については、https://www.kaigokensaku.mhlw.go.jp/publish/group11.html（2022年10月閲覧）
4　澤登久雄（2014）「大都市部のメリットを最大限活かした『都市型見守りネットワーク』構築〜おおた高齢者見守りネットワーク（愛称：みま〜も）の活動〜」『都市計画雑誌』316号、日本都市計画学会

8章

進まぬ地域包括ケアシステム

「やっぱり施設がいい」を超えるには

▶▶▶ 1 家族に頼りたいが……

■ それでも家族に頼りたい

　ここまでの流れに大きく水を差してみる。高齢者の不安に寄り添って、やっぱり施設が安心でよいのではないかという立場にたってみたい。こうすることで、私たちのまちには何が足りないのかを考えてみることができる。

　男性の終身正規雇用を糟糠の妻が支える時代から、個々人が自分のキャリアを生きる時代になり、結婚・離婚も自分で決め、働き方も多様になり、親と同居もしていないという現実がある。これまで示したとおり、そのために介護保険制度ができ、地域包括ケアシステムが構築されようとしているのだが、それでも要介護になったときに頼りたいのは、家族であるという人が多い。

　ある地方都市には、「長男に教育を付けるな」という格言がある。長男に学歴を付けてしまうと、家を継がなくなるという意味である。また別の地方都市でのワークショップでは、主に男性高齢者が、都会に出た子どもに「できれば帰ってきて欲しい」という声を掛けることがあると話す。他方で、その配偶者は「お父さんが先に逝ったら、私はお友達と仲良く暮らすから、あなたは自由に生きなさい」と伝えるそうだ。図1をみると、男性の7割は家族に介護を頼みたいと思っているようだ。他方で、女性はヘルパーなどの社会サービスと子どもが拮抗しているようである。

　高齢社会の研究をしていると、正直なところ家族に期待すること自体がナン

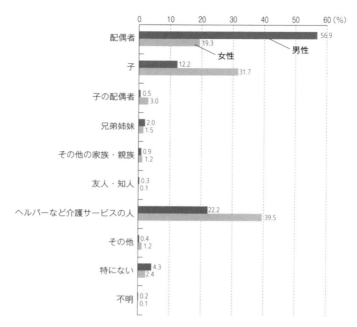

資料：内閣府「高齢者の健康に関する調査」（平成29年）
（注）調査対象は、全国の55才以上の男女

図1　必要になった場合の介護を依頼した人（出典：内閣府「高齢者の健康に関する調査」平成29年）

センスであって、基本は社会サービスを使い、書類や自分の意思決定の支援を
家族が担うというのが理想だと考えるが、実際には家族はあてにならないし、
あてにしてはいけないにもかかわらず、しかし不安からあてにしてしまい、家
族も介護をしてしまう[注1]。

2　介護の形と虐待の実態

　要介護者等からみた主な介護者の続柄では、津止（2018）[注2]によれば、
1968年では主たる介護者の9割以上が女性であった。現在では、女性が65％、
男性が35％という割合で、主たる介護者も男性が増えている（図2）。また
1968年には、全体の約5割が子の配偶者による介護（息子の嫁）であった。
現在は、子の配偶者（いわゆるお嫁さん）による介護は、7.5％でしかない。
まず配偶者による老々介護である。次に子による介護である。これにともない、

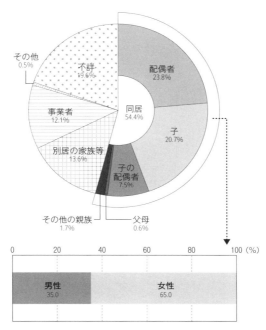

資料：厚生労働省「国民生活基礎調査」（令和元年）
（注）四捨五入の関係で、足しても100％にならない場合がある

図2　要介護者等からみた主な介護者の続柄（出典：内閣府『高齢社会白書』令和4年版）

実の親子間での虐待件数が増加する。虐待は実の子が6割、夫によるものが2割である。お嫁さん・お婿さんによるものは5％程度である。介護は専業主婦による単純労働というイメージを持っている方もまだ多いが、実態は大きく異なる。

▶▶▶ 2　家族は施設に預けて安心したい

■ 高齢者はなるべく施設で看てほしい

　家族はなぜ施設に入れたいのか。一つは、やはり当事者と家族との間に発生するジレンマをなるべくなら抱えたくないということである。2000年の介護保険制度以前は、「介護は嫁が」という社会意識は確かに存在していた。しかし、介護保険制度ができてからは、社会化されたサービスをどのように利用して、

当事者はどのように暮らしていくのか、当事者とその息子や娘が対応していくことになる。特に男性にとっては、自分の親であっても配偶者に押し付けておけば知らぬ存ぜぬで済んでいたことに直面することになり、むしろ介護は「逃げられない」存在としてクローズアップされた。

　いま苦労しているのは高齢の親をもつ娘（墓守娘）である。子育て中でも、男兄弟がいても、フルタイムで働いていても、親や親族からは「介護者」として期待される。「私はこれから親の介護にどう付き合ったらよいのか？」という疑問に対して、自分で考えて応えていかなければならない。特に近年増えているのは、新しいライフスタイルの時代を生きる50歳代で未婚の娘が、親の介護をすることになるシングル介護である。親子の道徳、近所の道徳は、50代で独身という点で「親不孝」とのレッテルを貼っている。社会的サービスをフルに使えばよいということがわかる反面で、道徳的な正解について誰も答えてくれない。親子ならではの葛藤・ジレンマを抱えつつ、キャリアに脂がのる時期に、仕事と両立させるギリギリの介護となる。親子間の親密さのなかで、お互いに甘えもあり、大きな声が出たり、つい手が出たりすることもある。高齢当事者も、子どもには迷惑はかけたくないと思いながらも、お金と健康だけが頼りは寂しい。しかし実の親子の距離はいかにあるべきか、は難しい問いである。

　8050というケースもある。80歳代の親が、閉じこもる50歳代の子どもと暮らしているケースである。民生委員さんと地域を回ると、栄養状態が悪そうで、病気等も積極的に治療せずに自宅に閉じこもっている高齢者と出会うことがある。近所にサロンがあるから行きませんか？と誘っても、「息子に聞かなければわかりません」「娘がいるから大丈夫です」と、子どもを頼りにしてるようである。そこで息子さんに話を聞いてみると、「生かさず殺さず、親の年金が頼りなので、死なれても困るが、余計なサービスを入れて金がかかるのも困る」という。それでも親は子どもを頼りにして、子どもの将来を案じている。他に頼れる人がいないし、信頼できる人がいないのだろう。

❷ ゼロリスク

　もう一つはゼロリスクである。家族から「何かあったらどうするのか？」と

言われたという話をよく聞く。たとえば、前日の夕方、家族が声をかけた時には元気だったおばあちゃんが、翌日帰らぬ人となっていた場合、家族は驚くだろうし、まったく気づかなかったとなる。これが家族ではなく、民生委員さんだったらどうか。驚き、まったく気づかなかったというのは同じであるが、なぜ気づけなかったのかと自分を責める。さらにこれが、介護事業者であれば、「申し訳ありませんでした」と謝罪から始まる。

　高齢者を日中家に一人にしておいて、何かあったらどうするのか。老老夫婦で、どちらかが面倒をみることができたとしても、深夜や早朝の世話はつらい。配偶者の方にも何かあったらどうするのか。親と同居していたとしても、嫁は、舅・姑の世話をすすんでするだろうか。当然息子も積極的に関わる必要があるが、案外親の老いを認められない。そのことで、子どもの夫婦仲が悪くなったらどうするのか。ありとあらゆるリスクが思いつき、いきつくところは、病院や施設に入れたほうが楽であるとなる。

▌3▐ 受けとめる介護施設のジレンマ

　日々のジレンマは、家族や高齢者自身だけが感じているのではない。医療・介護職も同様に感じている。施設介護の限界、本書の文脈でいえば、社会保険制度として最低限以下の暮らしからは救済してくれるが、当事者が不安なく自己実現をするところまでは、システムとしてはリソースに限界がある。素晴らしい全人的ケアをしてくれる施設は沢山あるから過度に不安を煽るつもりはないが、一つの視点として紹介したい。

　たとえば施設の非常勤医師が「施設のための処方」を頼まれて嫌になった話や、介護事業者で働くベテランが「自分の施設に親を入れたくない」というジレンマに陥っている。「施設のための処方」とは、入所者が施設に馴染めずジレンマから不安になり、そしてパニックになっている高齢者に対して落ち着かせる薬や注射をして欲しいということである。もし自分が、施設に馴染めず不安からパニックになっているのなら、話し相手になってもらい、どうしたら自分にとって納得できる暮らしができるのか、様々な選択肢を対話と傾聴によって、一緒に考えて欲しいのではないか。

　もちろん、施設側からすれば、折からの介護給付費の適正化と人手不足のな

かで、ひとまず薬等で落ち着いて欲しいわけである。施設の職員もジレンマである。そのような環境で自分の親だったら、このままでよいのか？と常に自問自答しながら、しかし施設の方針としてのケアを続けていかなければならない。施設の方針を一方的に責めるのもまた酷である。当事者のお話をよくよく聞いてしまえば、やっぱり家に帰るのが本人にとって一番よいという選択肢になっても、当事者の家族の同意が得られない。老人ホームに入るために家を売却してしまっている人もいる。一人ひとりの自己実現を考えていくには、施設のリソースだけでは到底無理がある。すべて施設任せにして、責任だけとらせる社会は不健全である。

▶▶▶ 3　悪循環を断ち切るには？

■ 地域で老いる、を知る

　家族が、あらゆるリスクを想定しても答えが出ず、自分たちではどうしようもできない。そこで最も有力そうにみえる手段にすべてを委ねて（専門家に押し付けて、自分では見ないようにして）安心を得たいという気持ちはわかる。「何かあったらどうするのか？」という言葉は、第三者に対して「どう責任を取ってくれるのか？」という意味だけでない。自分自身に対しても、道徳的・感情的にどのよう受けとめていけばよいのかわからないという、「何かあったら、私は、どうしたらいいのか？」という問いでもあるだろう。

　このような当事者や家族の不安に応えられるのは、やはり医療介護の専門職であり、専門家の充実した施設である。予後予測という言葉がある。患者や利用者が、治療やリハビリを行わないと、どこまで悪化するか、生活がどの程度までできなくなるかの見通しを立てるときに使う言葉である。医療介護の専門職は、長年の経験で、この症状でこの地域で暮らせる限界をある程度は把握している。住民である私達も、この情報を先取りして知ることで、ある程度安心を得ることができる。

■ 生活支援の充実がカギ

　もう一つは、やはり生活支援が充実していないことである。孤独死を防ぐ方

法は、難しくない。1日3食たべられて、朝晩の声掛け・見守りがあれば孤独死はしない。しかし1日3食を自分で用意して食べるというのは、身体的・精神的機能が低下してくると負担である。この他、洗濯等の家事、買い物や通院などの外出など、生活のちょっとした困りごと・思うようにならないこと・不便さの積み重ねが、生活の質を下げる。当事者にとって魅力ある生活支援サービスが少ないというのも、事実である。

　なぜ少ないのかといえば、（世代的な意識も影響していると思うが、）当事者がまだ家族による介護を期待していることが挙げられる。またケアマネジメントもそのような当事者家族の意向にそって、自立というよりも家族の息抜き（レスパイトと呼ぶ）を軸としたケアプランになっていることもある。こうなると、地域で地域密着型サービスだけでなく民間のサービスなどを使って自分らしく暮らしていくという需要が増えない。需要がなければ供給もないし、供給がなければ競争もないので魅力的なサービスにならない、という悪循環である。この悪循環は、2030年を過ぎた頃に、地域に魅力的なサービスが何も育っておらず、後期高齢者の生活支援需要が増えても対応できるものがないという問題を引き起こすことは、容易に想像できる。

3 まちづくりとしてのアプローチ

　そうなって困るのは、当事者でありその家族であるし、その積み重ねで高齢者が安心して暮らせないまちとなる。住民主導のまちづくりとして、何か対応できないか。こう考えて筆者らが企画しているのが、「地域で老いる、を知る」ワークショップである。地域包括ケアの局面では、専門家主導ゆえに「市民啓発」と呼ばれる。まちづくりから見ると、住民自身が老い方を知って、どうしたらよいか、何か自分たちにもできることはないかを考えてもらうことが重要だと考える。

　地元医師会と連携して、地域において、在宅医療や介護がどの程度提供されているのか、在宅医療を受けている人の様子や体験談などを講義してもらう（7章で紹介したケースは、このワークショップで紹介された事例である）。特に、地域での看取りの話は、参加者の心に響く内容が多い（これは、擬似看取り体験と呼ばれる）。ただし在宅医療介護の話は、個別に受けとめすぎるとかえっ

て不安が高じやすい。そこで参加した同年代と意見交換や何を不安に感じたかなどを語り合うワークショップを併せて実施する。地域で老いる実際を、地元の医師や専門職等から聞いたことで、ある程度自分のこれからの老いのイメージが湧き、地域には多様な介護サービスがあることを知ることもでき、何より同世代が自分と同じ不安を抱えて暮らしていることを理解して、ずいぶん安心できたとの評価を得ている。実際に在宅医療を利用する方の数も増えている。

　もう一つ、北海道で活躍する〈ささえる医療研究所〉を紹介したい。これは故村上智彦氏と永森克志氏の二人の医師を中心に、地元の住民たちがつくりあげたまちづくりモデルと言える。〈まるごとケアの家[注3]いわみざわ〉は、住民がその感覚を大切にしながら地元に愛着をもって、ソーシャルキャピタルを育んでいく。大切なのは住民のまちづくりへの意識であり、その上で訪問看護、暮らしの保健室、コミュニティカフェなどのシステムが組み合わされると、「最強の地域医療」になるという取り組みである。

　いずれの例も、住民自身に、自分事として関わってもらい、サービスを使い、気に入らなければ改善を提案し、愛着をもって身近なサービスを育てていくというまちづくりのプロセスがある。いまある社会資源・地域資源の最大活用がないと、地域包括ケアは理想だけでは上手くいかないし、上から目線で当事者意識を植え付けようとしても上手くいかない。当事者である住民がまちづくりとしてボトムアップで身近なところから進めていくしかない[注4]。

注
1　木下衆（2019）『家族はなぜ介護してしまうのか──認知症の社会学』世界思想社
2　津止正敏（2018）「男性の介護労働─男性介護者の介護実態と支援課題」No. 699/October 2018 『日本労働研究雑誌』
3　永森克志、井上浩太朗、村上浩明（2017）「"ささえる医療"を一言で表現できる「まるごとケアの家」の可能性 ──まるごとケアの家 いわみざわ（北海道岩見沢市）」『コミュニティケア』19（7）、40-49, 2017-06、日本看護協会出版会
4　まちづくりは、住民主導でありボトムアップで進めていくものであるが、このボトムアップは上部・下部という意味ではなく、一人ひとりが考えて行動していくことである。村上（2017）が提案する新しい地域医療のかたちは、まちづくりを専門とする我々も大変共感でき、またケアとまちづくりの連携のヒントが詰まっている。
　村上智彦（2017）『最強の地域医療』ベスト新書

III部

当事者とともに創り出す
高齢社会のまちづくりモデル

　　超高齢社会への対応は新しいまちをつくる最善のチャンスであり、日本再生の重要なコンテンツである。不安にかられて入居施設を探すより、いま住んでいるまちを、最期まで安心して愉しく暮らせるように自己投資すること、当事者主体のまちづくりモデルを考える。

　　まず9章では、フレイル予防、10章では、介護保険制度において、まちづくりと親和性の高い論点を整理した。医療・介護分野の実践において、地域資源の活用は必要不可欠であり、地域デザインに大きな期待を寄せている。

　　これらをふまえて、11章では、地域密着型サービスと住まいの連携、高齢者の社会的交流・社会参加の場など、地域サービスや拠点のモデルを考える。12章では、それら拠点をつないで、高齢者がたとえ要介護状態で歩けなくても愉しく暮らし、次世代に引き継がれる地域空間像を考える。終章は、高齢社会のまちづくりをさらにプラスに捉える視点として、経済的側面での可能性について考え、世界に発信するモデルについてまとめる。

9章

フレイル予防とまちづくりの接点
歩くことと、人とつながることの効用

▶▶▶ 1　健康づくりと介護予防

■ まちづくりは健康づくり

　社会疫学による健康長寿についてのエビデンスは、まちづくりと親和性があるものが増えている。閉じこもらないこと、地域づくりに参加すること、生きがいや役割をもつこと、まちのウォーカビリティと認知症の関係など、様々なエビデンスが発表されている。このエビデンスを住民に紹介すると、大変興味を持ってもらえる。身近なかかりつけ医をお呼びして、住民による自主的な勉強会を発端に、住民主導の交流サロンや認知症ケアカフェなどに展開することも多い。地域の物的環境・社会的環境の整備の際にも、社会疫学的エビデンスをふまえて計画していく時代になるかもしれない。本章では、社会疫学の知見をもとに、まちづくりへの参加がフレイル予防（健康寿命延伸・介護予防）になることについて述べる[注1]。

■ 要介護になった要因

　まず介護が必要となった要因に関するデータを押さえておきたい（図1）。健康づくりで取り組むべき論点として、まず思いつくのはメタボリックシンドロームである。脳血管疾患と心疾患などの原因である。メタボとは、内臓脂肪型肥満によって引き起こされる脂質異常、高血糖、高血圧であり、その原因は若い時からの運動不足・食べすぎなどの積み重ねである。近年では、認知症の一

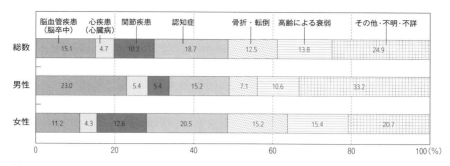

	脳血管疾患 (脳卒中)	心疾患 (心臓病)	関節疾患	認知症	骨折・転倒	高齢による衰弱	その他・不明・不詳
総数	15.1	4.7	10.2	18.7	12.5	13.8	24.9
男性	23.0		5.4	5.4	15.2	7.1	10.6	33.2
女性	11.2	4.3	12.6	20.5	15.2	15.4	20.7

資料：厚生労働省「国民生活基礎調査」(平成 28 年)
(注) 熊本県を除いたものである。

図1　65 歳以上の要介護高齢者等の性別にみた介護が必要となった主な原因 (出典：内閣府『高齢社会白書』令和元年版)

つである血管性認知症なども、このパターンだといわれている。

　生活習慣病は、肥満症、糖尿病、高血圧症、高脂血症などをさす。それなりの数の方が、「生活習慣病」で通院され、お薬を処方されているのではないだろうか。何もしないで放置しておくと、生活習慣は重症化し、心筋梗塞、狭心症といった心臓に関する疾病、脳出血、脳梗塞といった脳血管に関する疾病、糖尿病の合併症である腎不全で人工透析となる。

　生活習慣病は、医療費の約 3 割、死亡者数の約 6 割を占める。特に不健康な生活習慣から、内臓脂肪症候群になり、重症化・合併症へと移行し、そのまますぐに亡くなるというわけではなく、長い要介護の期間を経ることになる。これら、がんを含めて、循環器疾患・糖尿病等は、非感染性疾患(Non-Communicable Diseases：NCDs) と呼ばれるが、これらは一般的に予防できるとされている。生活習慣病の予防には、1 に運動、2 に食事・栄養、3 に禁煙、4 に適量の飲酒である。健康診断の重要性は言うまでもないが、たとえば歯槽膿漏等を放置することで糖尿病のリスクが上がるといった、口腔ケアの重要性も指摘されている。

3 高齢者の痩せの危険

　もう一つは、ロコモティブシンドローム（運動器疾患）と呼ばれている。関節疾患と骨折・転倒である。生活習慣病予防では痩せましょうと言われるが、

70歳を過ぎると、健康づくりはギアチェンジの段階となることは意外と知られていない。今度は良質なたんぱく質をとって、筋肉を維持し、体重を減らさないようにしましょうと指導される。たとえば東京都健康長寿医療センターによれば[注2]、BMI値で太い人、少し太い人、少し細い人、細い人の四つのタイプに分けると、高齢者においては痩せの人の方が累積生存率が低い（図2）。

　運動器とは、人が自分の身体を自由に動かすための組織である、骨、関節、筋肉、神経の四つを指す。加齢に伴い、骨粗しょう症、変形性関節症、サルコペニア（筋肉減弱）、神経委縮などが起きる。これが要介護状態につながる。いかに運動器を長持ちさせるか。ハイリスクアプローチ（運動療法）として、疾患や症状に合わせた専門的治療もあるが、ポピュレーションアプローチ（多くの人ができる身体活動・運動）として、バランスの良い食事（栄養）だけではなく、社会参加としてのまちづくりなども有効である。本章はこのロコモティブシンドロームをいかに防ぐかについて、まちづくりとの関係を整理した。

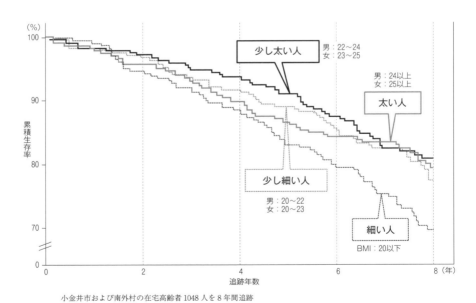

小金井市および南外村の在宅高齢者1048人を8年間追跡

図2　高齢者の痩せの危険性（体格指数（BMI）と生存率）（出典：東京都健康長寿医療センター）

▶▶▶ 2 フレイル予防と社会参加

■ フレイルとは

　フレイルは Frailty を短くした略語である。日本老年医学会[注3]によれば「フレイルとは、高齢期に生理的予備能（心身および社会性など広い範囲でダメージを受けたときに回復できる力）が低下することでストレスに対する脆弱性が亢進し、生活機能障害、要介護状態、死亡などの転帰に陥りやすい状態で、筋力の低下により動作の俊敏性が失われて転倒しやすくなるような身体的問題のみならず、認知機能障害やうつなどの精神・心理的問題、独居や経済的困窮などの社会的問題を含む概念」である。

　フレイル（虚弱）の学術的定義は、下記項目のうち三つ以上あてはまるものとする。

- 意図しない体重減少
- 疲労感がある

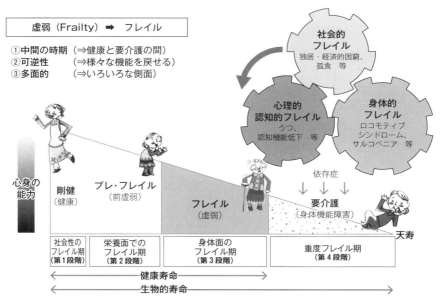

出典：東京大学高齢社会総合研究機構・飯島勝矢 作成　葛谷雅文、日老医誌 46:279-285、2009 より参照改変

図3　フレイルの構造（出典：飯島勝矢[注4]、第1〜4段階について著者加筆）

- 弱い（握力）
- 歩行速度が遅い
- 低活動（消費カロリー）

　東京大学高齢社会総合研究機構の飯島勝矢氏による、フレイルになるメカニズムを紹介する（図3）。いわゆる要介護状態で寝たきりの状態を重度フレイル期とすれば（第4段階）、その前段階として、身体面のフレイル期（第3段階）がある。サルコペニア（サルコは筋肉、ペニアは減弱の意味）やロコモティブシンドローム（運動器障害）といった身体面での機能が著しく低下し、生活機能が低下した状態がここである。この段階になる前に、第2段階の栄養面でのフレイル期がある。たとえば口腔機能が低下して固いものが食べられない、散歩などが億劫になった、物忘れが気になるといった状態である。

　第2段階と第3段階の間あたりで、要介護認定をはじめて受ける人で、元気が出ないとか閉じこもり傾向を訴える人の多くに、外出して活動するだけの栄養が明らかに足りていないと指摘される人もいる。

② 社会性と筋肉を維持しよう

　そして第一段階のフレイルのきっかけとなるのは、社会性／心のフレイルである。体調等に大きな問題があるわけではないが、何となく先のことを考えて不安が高じ社会参加の意欲が衰える。普段出かけていた地域活動を直前になると休みたくなる。デパートに出かけたり友達との会食など楽しみにしていたことが億劫になる。楽しみにしていた旅行や孫のお祝い会でさえ、直前になるとやっぱりキャンセルしたくなる。

　3章、4章でも指摘したが、不安が高じて社会性のフレイルになりそうなとき、旅行のガイドブックを買ってみるとか、外出する際の服を選んでみるとか、何かしらすぐに行動に移すと良い。またすぐに行動に移すためにも、体の基本である筋肉を維持しておきたい。飯島氏は、「貯筋」と呼んでいる。

　社会性が衰えて、たとえば人と会話をしないと、口腔機能（咬筋）が衰えて、肉や豆などをかみにくくなり低栄養状態になる。外出をしないで家にいて不安な日々を暮らすと精神・心理状態が低下し、うつが発症する。1日中座ってテレビをみていると身体活動が衰え筋肉が減る。日中体力を使わないので夜眠れ

なくなり、日中うとうとすることを繰り返す。いずれも、サルコペニアにつながる。

3 フレイル、サルコペニア予防と社会参加に関するエビデンス

　飯島氏らの研究によれば、運動・栄養・社会参加の三つの柱が、サルコペニアに対して有効とのことである。たとえば、運動・栄養・社会参加の三つに取り組む人と、いずれも実施していない人では、サルコペニアに対するリスクが3.5倍となる（図4）。

　さらにフレイルへのリスクとして、身体活動、文化活動、ボランティア・地域活動の3点に着目すると、すべてに取り組む人とまったく取り組まない人では16.4倍のリスクがある（図5）。興味深いのは、運動習慣はあるが、文化活動やボランティア・地域活動はしていない、黙々と運動に取り組むグループは、運動習慣はないが文化活動とボランティア・地域活動に取り組むグループよりも、約3倍フレイルのリスクが高いことである。

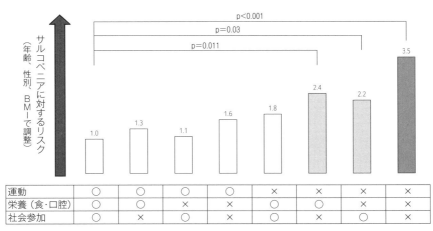

【運動】○：1回30分以上の汗をかく運動を週2回以上、1年以上実施している
【栄養（食・口腔）】○：ほとんど毎日4食品群以上食べている and さきいか・たくあんくらいの固さの食べ物が噛める
【社会参加】○：サークルや団体などの組織・会に二つ以上入っている

n = 1151

資料：東京大学 高齢社会総合研究機構・田中友規、飯島勝矢ら：未発表データ：論文作成中

図4　サルコペニア予防と運動・栄養・社会参加の効果（出典：飯島勝矢[注4]）

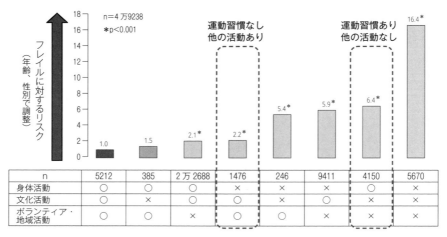

資料：吉澤裕世、田中友規、飯島勝矢、2017年　日本老年医学会学術集会発表、論文準備中

図5　様々な活動の複数実施とフレイルへのリスク（出典：飯島勝矢[注4]）

4 フレイル予防とまちづくり

　このフレイルの医学的エビデンスをまちづくりに応用するために、まちづくりの視点から地域資源に着目してフレイルの定義とフレイルと社会的活動性の関係性モデルを作成した（図6）。医学的な定義ではなく、あくまでもまちづくりとしてフレイル予防に関わるための定義である。

　フレイルとは、「加齢にともない、個人の持つ身体的（フィジカル）・精神的（メンタル）・社会的（ソーシャル）資源が貧困化し、脆弱性を抱えている状態」と定義する。なお、ここでいう「資源」とは、運動能力、認知能力、コミュニケーション能力などの基礎的活動能力の他、日々の習慣や行動様式、家族・友人との関係性、家庭・地域・職域における役割や人間関係、その他のいわゆる社会的資源・文化的資源・経済的資源を含む概念である。

　また、「脆弱性」とは、保持している身体的・精神的・社会的資源の貧困化が、活動能力・活動意欲の低下を通じて、身体的・精神的・社会的活動性の低下と、身体的・精神的・社会的トラブル（転倒事故や対人関係のもめごと、犯罪被害など）などの「急性的・慢性的ダメージ」の発生につながり、さらに、そうした活動性の低下やトラブルの発生が、低栄養や筋力低下、持病の悪化、うつ症

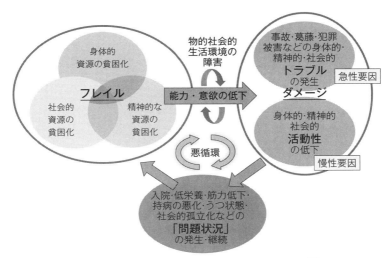

図6　物的社会的生活環境からみたフレイル発生イメージ（出典：大方潤一郎[注5]）

状、社会的孤立化などの「問題状況の発生と継続」を介して、さらなる身体的・精神的・社会的資源の貧困化をもたらすという「悪循環」に陥りやすいことを指す。

▶▶▶ 3　健康づくりとまちづくりに関する興味深いエビデンス

1 健康の社会的決定要因

　近年では日常生活のあらゆることに、科学的知識にもとづき正常か異常（リスク）かの線を引くことができるようになった。人が不安と思うところに、体重の異常値、椅子に座る時間の異常値、人付き合いの異常値など、何かの異常値がある。どこかで正常と異常を決めて、何かしらの対応をすると安心するのかもしれない。

　一方、病気の背景には不平等や貧困といった社会的要因があるということも知られている。特に1980年のイギリス社会保険省によるブラックレポートが有名である。階級や貧困によって、出生時の子どもの体重、高血圧などのリスクが高まるというものである。たとえば、上記の生活習慣病は、低所得者ほど

リスクが高いといわれている。年収600万円以上の女性の肥満率は、13.2％であるのに対して、200万円未満では25.6％と実に2倍の開きがある。

　社会疫学分野では、健康長寿に関する研究が多数取り組まれており、このエビデンスを、まちづくりに取り組むシニアに紹介することで、参加者の意欲を掻き立てることがある。なぜ、まちづくりを取り組むのか？については、これまで「地域コミュニティのためになるから」という答えがあったが、自分自身の健康づくり・介護予防になるという個人的な動機付けもできるのではないか。以下では、健康づくりとまちづくりに関する興味深いエビデンスを紹介してみよう。

❷　1日「8000歩・20分」

　まずは、東京都健康長寿医療センター研究所による群馬県中之条町の町民を対象とした研究（中之条スタディ）では（図7）、健康長寿に必要な1日当たり

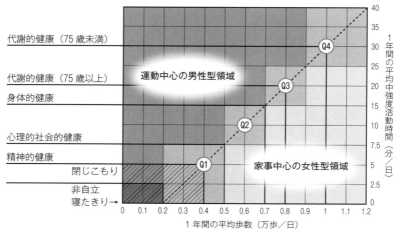

Q1〜Q4＝研究参加者における身体活動の第1ないし第4四分位群（各四分位群は約50名）。
対象者は歩数と中強度活動時間に基づいて分類される：
• 寝たきり＝0歩 0分／日；
• 非自立 ＝＜2,000歩・＜2.5分／日；
• 閉じこもり＝＜4,000歩・＜5分／日；
• Q1＝2,000〜＜5,000歩・＜7.5分／日（平均4,000歩・5分／日）；
• Q2＝5,000〜＜7,000歩・7.5〜＜15分／日（平均6,000歩・10分／日）；
• Q3＝7,000〜＜9,000歩・15〜＜25分／日（平均8,000歩・20分／日）；
• Q4≧9,000歩・≧25分／日（平均10,000歩・30分／日）。

図7　75歳以上の1日の歩数と病気の予防・抑制（出典：青柳幸利[注6]）

の歩数と中強度の活動時間に関するデータを示している[注6]。

75歳以上の高齢者の場合、目安としては1日8000歩・早歩き20分を目指すことで、高血圧症や筋肉減少が予防できる可能性が高まる。他方で、1日4000歩を下回ると、うつ症状などが出やすくなる。メタボ予防で1日1万歩という刷り込みがあるようであるが、高齢者の場合はそれほど歩かなくても良いようである。

3 閉じこもりはよくない

次に、内閣府による2017年高齢者の健康に関する調査結果によれば、65歳以上の方の外出頻度は、ほとんど毎日が68.7%、2〜3日1回が21.7%、週に1回が5.6%である。厚生労働省は、週に1回以上外出していない人を閉じこもりと定義しており、該当する人は約4%程度いる。

閉じこもりについては、東京都健康長寿医療センター研究所による図8のデータが参考になる[注7]。外出頻度が少ない閉じこもりの方（要介護状態等で身体機能が衰えており外出できない方を除く）について、非閉じこもりの方と比較して、歩行障害、認知機能障害等の問題の発生リスクを示したものである。歩行障害については3.2倍、認知機能障害については3.1倍リスクが高まるとい

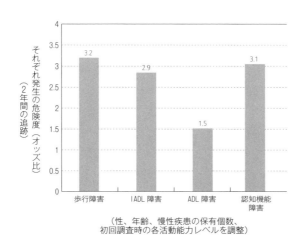

（性、年齢、慢性疾患の保有個数、
初回調査時の各活動能力レベルを調整）

図8 閉じこもりの予後（非閉じこもり群と比較した場合）（出典：東京都健康長寿医療センター研究所）

う研究である。閉じこもることがいかに良くないかということを考えるデータである。

4 社会活動、就労、ボランティア活動

　自治会役員や民生児童委員など、地域活動をされている方が興味を示すのは、東京都健康長寿医療センター、ミシガン大と東京大学による社会活動調査[注8]

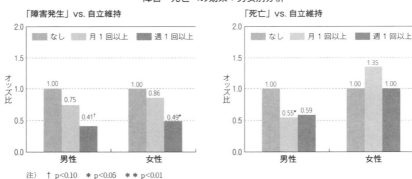

グループ活動の3年後のADL／IADL
障害・死亡への効果：男女別分析

「障害発生」vs. 自立維持

2.0
1.5
1.0
0.5
0.0

オッズ比

男性　女性

なし　月1回以上　週1回以上

1.00　0.75　0.41†
1.00　0.86　0.49*

「死亡」vs. 自立維持

2.0
1.5
1.0
0.5
0.0

オッズ比

男性　女性

なし　月1回以上　週1回以上

1.00　0.55*　0.59
1.00　1.35　1.00

注）　† p<0.10　＊ p<0.05　＊＊ p<0.01
年齢、配偶者の有無、年収、教育年数、慢性疾患数、抑うつ傾向、認知機能、主観的健康を調整

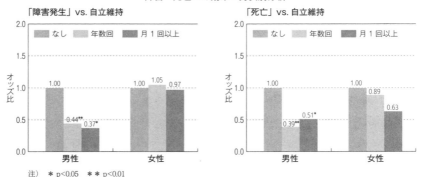

ボランティア活動の3年後のADL／IADL
障害・死亡への効果：男女別分析

「障害発生」vs. 自立維持

2.0
1.5
1.0
0.5
0.0

オッズ比

男性　女性

なし　年数回　月1回以上

1.00　0.44**　0.37*
1.00　1.05　0.97

「死亡」vs. 自立維持

2.0
1.5
1.0
0.5
0.0

オッズ比

男性　女性

なし　年数回　月1回以上

1.00　0.39**　0.51*
1.00　0.89　0.63

注）　＊ p<0.05　＊＊ p<0.01
年齢、配偶者の有無、年収、教育年数、慢性疾患数、抑うつ傾向、認知機能、主観的健康を調整

図9　グループ活動の3年後のADL／IADL障害・死亡への効果（出典：東京都健康長寿医療センター研究所）

である。就労、友人等交流、趣味・稽古事、ボランティア活動について、3年後のADL ／ IADL障害発生・死亡等への効果を調査したデータである（図9）。

　この調査によれば、就労の効果については有意差が見られないが、友人等との交流については週1回以上で健康維持に効果があり、趣味・稽古事については月1回以上で健康維持に効果、週1回以上になると7年後の死亡リスクも低下している。ボランティア活動については、もちろんボランティア活動をしている人のほうが、より、自立度が高いというデータであるが、興味深いことに、男女で比較すると、男性の方が健康維持効果が強いようである。地域活動をされている方は、自信が持てるデータである。

　そこで、地域は担い手不足もあるので、「このデータをもって男性高齢者に積極的にボランティアを呼びかけよう！」となるのであるが、もう一つ東京都健康長寿医療センターの秋田県N村での調査を紹介したい。このデータは、ボランティア活動に進んで参加している人と、参加したくないのに（嫌々）参加している人の比較である。やはり進んで参加している人と比べると「いやいや参加している人」には健康維持効果は認められないというものである。「あー、やっぱりね」という苦笑いが起きるが、まちづくりは健康づくりにもなるというのを出発点として、犠牲的精神で仕方なく取り組む奉仕活動ではなく、スポンテニアスに（自然に自発的に楽しく）取り組む活動を考える。地域の人がどうしたら前向きに参加できるか、アンケートなどを取り地域のニーズをあらためて聞いてみようかという展開に結びつくことも多い。

▶▶▶ 4　要介護になりにくいまち？

■1 社会疫学とまちづくりの共同研究

　さて社会疫学は、もともと医学分野における伝染病等の流行を研究する疫学から派生した学問である。前述の健康の社会的決定要因と関連して、たとえば歩行障害や認知症等の疾病の発生要因について、生活習慣だけではなく、居住環境との関係に関する研究も増えてきた。

　まちづくりにおいて特に参考にしているのは、本書でも参考にさせていただいた東京都健康長寿医療センター研究所による「健康長寿新ガイドラインエビ

デンスブック」である。また東京大学高齢社会総合研究機構の千葉県柏市における大規模コホート研究、JAGESと呼ばれる日本老年学的評価研究（Japan Gerontological Evaluation Study）なども有名である。たとえば、JAGESのグループは、社会疫学の専門家と建築・都市・まちづくりの研究者が共同して、ウォーカビリティと認知症になりにくいまちづくりについて研究している。また東京都健康長寿医療センターによる、中之条スタディや鳩山スタディなど、一つのまちに10年以上関り、データ収集だけでなく、健康まちづくりのための住民グループの立ち上げも行っており、まちづくりの方法論としても大変参考になる。

　次章で介護予防に関する制度について取り上げるが、超高齢社会を見すえて医療介護分野とまちづくり分野が協力して、要介護になりにくいまちのプロトタイプを考えることができる時期なのではないかと思う。

② 自力歩行できなくなったら終わりか

　一部の高齢者は、このような社会参加と健康自立度のエビデンスについて知ると、認知症になったらおしまいか、自力歩行ができなくなったらおしまいかと不安が募るらしい。確かに、これまでのエビデンスからは、ADLがある程度維持できており、社会性を有し、自力歩行ができる人が、有利のようにも思える。「自力歩行ができなくなったら終わり」との印象を与えるかもしれない。

　とはいえ、今後は後期高齢者が増えていくにつれて、自力歩行ができなくなる人の数も増えていく。そうなると、自力歩行できない人のなかでも、それ以外のADLの維持ができている人や社会参加ができている人の傾向などの報告が、増えてくるだろう。つまり団塊世代がどのように暮らしていくかによって、新しいエビデンスが生まれていく。これが世界の長寿国のトップランナーとして、果たすべき役割なのかもしれない。

注
1　フレイル予防については、次の本に詳しい。
　　辻哲夫・飯島勝矢（2021）『地域で取り組む 高齢者のフレイル予防』一般財団法人医療経済研究・社会保険福祉協会（監修）、中央法規出版
2　東京都健康長寿医療センター研究所（2021）「健康長寿新ガイドラインエビデンスブック」、p.4
3　日本老年医学会ステイトメント（2014）

https://www. jpn-geriat-soc. or. jp/info/topics/pdf/20140513_01_01. pdf（2022 年 10 月閲覧）

4　飯島勝矢（2018）『健康長寿カギはフレイル予防』クリエイツかもがわ

5　大方潤一郎他（2019）科研費挑戦的研究（開拓）「高齢者の健康自立寿命延伸のための社会的活動性維持向上プログラムの研究開発と試行」（研究代表者：東京大学高齢社会総合研究機構・機構長・大方潤一郎）

6　青柳幸利（2011）「基礎編 「中之条研究」で実証された健康長寿の実現に最適な日常身体活動の量と質」有限会社ノーブル・プレス
　　青柳幸利（2011）「実践編 「中之条研究」で実証された医療費削減の効果が得られる日常身体活動の量と質」有限会社ノーブル・プレス
　　青柳幸利（2012）「背景編「中之条研究」の基礎となった高齢者における歩行機能の重要性：老化のメカニズムと予防法（目からウロコの知識レット）」有限会社ノーブル・プレス

7　東京都健康長寿医療センター研究所（2021）「健康長寿新ガイドラインエビデンスブック」p.38

8　同上、p.31

10章

介護保険制度とまちづくりの接点

少人数から柔軟な活用が可能

▶▶ 1 環境因子とまちづくり

「○○（和菓子屋）で柏餅を買ってきてください。同級生が嫁いだ先でね、まだ元気だからご挨拶してきて欲しいの。この前、骨折してしばらく入院してたらしいけど、心配で。あっ、私も骨折してたわね。仲がいいわ（笑）、会いに行こうかしら」（87歳女性・要介護2・車いす）

■ 介護とまちづくりをつなぐ環境因子という考え方

　高齢者介護の現場においても、まちづくり（厚生労働省用語では地域づくり）が重要な役割を果たす。今後、医療介護従事者とまちづくりの担い手が、一つの地域において連携することで、地域包括ケアシステムと超高齢社会のまちづくりが同時に達成できると考える。本章では特に重要な介護制度として、自立支援型地域ケア会議、新しい介護予防・日常生活支援総合事業、生活支援体制整備事業について、どのように高齢者介護とまちづくりが関わっているか論じてみたい。

　両者をつなぐキーワードは、ICF（国際生活機能）分類における環境因子である。ICF は、図1の通り、健康状態、心身機能、障害の状態を相互影響関係および独立項目として分類し、当事者の視点による生活の包括的・中立的記述

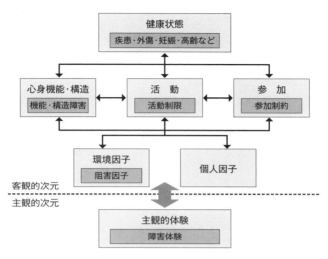

図1　ICF（国際生活機能）によるアセスメント（出典：上田敏[注1]）

をねらいにする医療基準である。

❷ アセスメント

　介護支援専門員（ケアマネジャー）等が、高齢者等のニーズ・ウォンツをアセスメント（評価する）するが、アセスメントは厚生労働省により次のように定義されている。

　「利用者について、その有する能力、置かれている環境等の評価を通じて、自立した日常生活が営めることができるように支援する上で解決すべき課題の把握」[注2]

　アセスメントでは、個人の有する能力（個人因子）だけでなく、置かれている環境（環境因子）も評価する。環境因子は、人的環境、社会制度的環境、物的環境、自然的環境などまちづくりの要素が多分に含まれている。病気や障害等により、個人因子が低下すると、そのことによって環境因子へのアクセスを妨げることになり、そのことが個人因子をさらに低下させる。医療関係者や介護支援専門員は、個人因子である病気や生活支援のためのサービスなどには詳しいが、たとえば通院時の公共交通手段、障害を抱えながら暮らす住まい、通

いの場となるパブリックスペースなどについては、それぞれのまちに特徴があり、まちづくりに携わる人たちが得意とするテーマである。

❸ 介護保険制度における自立支援の例

　図2は、埼玉県介護予防のための地域ケア会議で示された自立支援の実践例である。自宅で転倒し1か月間安静となったNさんに対して、すべてをヘルパーに任せて何もしないでいると、外出機会が減り廃用症候群になる。他方で、ヘルパーによる買い物同行等の支援を受けて、無理のない範囲で歩いて外出することで、長い距離を歩けるようになり、また一人で買い物に行けるまで状態が改善する。介護保険制度における自立支援について、まちづくりの視点・当事者視点で考えると、この図で最も重要なのは、丸で囲ったお店の絵である。これがありきたりのコンビニやチェーン店では、「お買い物お願いね」となるのは仕方ない。他方で、買い物の目的先に、同級生が嫁いだ和菓子屋、民生委員時代の友達がいるなど、その人が地域資源・社会資源と思うものがあれば、自分で行きたいとなる。高齢者に限らず、若い世代も含めて、3年、15年、30

> **自立支援：**
> 　高齢者一人ひとりが、住み慣れた地域で、その能力に応じて自立した日常生活を営むことができるよう支援すること。

自立支援の実践例〜Nさん（78歳、女性）の場合〜

生活が改善

ヘルパーによる買い物同行等の支援を受け、無理のない範囲で歩いて外出

長い距離を歩けるようになり、また1人で買い物に行けるまで状態が改善

ヘルパーに買い物など困りごとを何でもお願い

外出機会が減るなど活動範囲が狭まり、状態がさらに悪化

自宅で転倒し1か月間安静

図2　自立支援とは何か（出典：埼玉県自立支援型ケア会議資料[注3]、丸は著者が追記）

年、60年と人生の長い時間のなかで培い、また今後も引き続いて利用できる地域資源・社会資源の最大活用が重要である。

▶▶▶ 2　自立支援型地域ケア会議

■1 自立支援型ケア

自立支援とは、高齢者一人ひとりが、住みなれた地域で、その能力に応じて自立した日常生活を営むことができるように支援すること。地域包括ケアとは、

生活行為	している	してみたい	興味がある	生活行為	している	してみたい	興味がある
自分でトイレへ行く				生涯学習・歴史			
一人でお風呂に入る				読書			
自分で服を着る				俳句			
自分で食べる				書道・習字			
歯磨きをする				絵を描く・絵手紙			
身だしなみを整える				パソコン・ワープロ			
好きなときに眠る				写真			
掃除・整理整頓				映画・観劇・演奏会			
料理を作る				お茶・お花			
買い物				歌を歌う・カラオケ			
家や庭の手入れ・世話				音楽を聴く・楽器演奏			
洗濯・洗濯物たたみ				将棋・囲碁・麻雀・ゲーム等			
自転車・車の運転				体操・運動			
電車・バスでの外出				散歩			
孫・子供の世話				ゴルフ・グランドゴルフ・水泳・テニスなどのスポーツ			
動物の世話				ダンス・踊り			
友達とおしゃべり・遊ぶ				野球・相撲観戦			
家族・親戚との団らん				競馬・競輪・競艇・パチンコ			
デート・異性との交流				編み物			
居酒屋に行く				針仕事			
ボランティア				畑仕事			
地域活動（町内会・老人クラブ）				賃金を伴う仕事			
お参り・宗教活動				旅行・温泉			
その他（　　　　　　）				その他（　　　　　　）			
その他（　　　　　　）				その他（　　　　　　）			

図3　興味・関心チェックシート (出典：日本作業療法士協会)

高齢者一人ひとりが、長い人生をかけて住みこなすなかで、自身で培ってきた地域資源や社会資源を最後まで使って自己実現していくことである。自分らしさとは何かは、その人にしかわからないが、その人にとって愛着のある自宅、お店など地域資源・社会資源から想像していくことは難しくない。このような資源（アセット）ベースの社会保障・健康づくりについても、急増する高齢者に寄り添って当事者の力を引き出すという点で、近年着目されているところである[注4]。

　医療・介護はエビデンス重視・科学的介護の時代にあるが、当事者主権が大前提であるから、当事者の興味・関心という定性的な質も大切にされている。たとえば、アセスメントの場面では、日本作業療法士会の提唱する興味・関心チェックシートが用いられる（図3）。いましている活動、これからしてみたい活動、興味がある活動を、ケアの実践のなかで取り入れて、当事者の自立に向けて進めていく。体操、観劇、カラオケからデート・異性との交流まで、当事者の意思を尊重する。地域資源の活用なくして、生活の質は支えられない。

2 自立支援型地域ケア会議

　自立支援型地域ケア会議については、市町村も試行錯誤で進めている。おおむね3〜4か月に1回、介護支援専門員だけでなく、診療所医師、病院医師、訪問看護師、リハビリテーション職、民生委員など、多職種が集められて、ケースカンファレンスを行う。どのようなケアをすれば当事者の自立を支えられるか、本人の能力を活かせるか、どのような地域環境が整っている必要があるかなどを話し合う。

　自立支援型地域ケア会議では、多職種でのアセスメントの共有から始まる。それぞれの専門職の立場からみて、当事者が訴える課題や困りごと、身体・精神状況等を仮説的にみて、その見立てを共有しあう。また当事者の立場にたち、当事者の心理、心模様を共感的に理解する形で、生活の状況と介護の状況を評価する。デイサービスを何回、入浴介助を何回といった、サービス導入の話し合いではなく、ICFに基づくアセスメントが重要である。トイレと寝室の距離、玄関の段差など自宅の間取りの話はよく出る。体操教室に、自宅から公共交通手段を利用して通えるか。転倒せずに近所を散歩したり、公園に出かける時の

ウォーカビリティなども課題にあがる。

　ある程度評価が出揃ったところで、もしもこのまま介護サービスもケアも何もせずに自然に放っておいたらどういう日常生活になっていくのか、予後予測を考える。何もしないと、身体的機能が低下する。交流もなく、散歩もできずに、さらに転倒リスクが高まるなど、最悪の状況を想定する。この際、医療・介護専門職の知見も大切だが、民生委員や生活支援を担うNPO法人の方などが、過去の類似事例をもとに、このくらいのことは当該地域の人が支えてくれるとか、地域で暮らすなかでどのような地域資源が使えるかなどを話すと、より予測精度が上がる。この予後予測をふまえて、今後もゆとりを持って自立した生活を送るために必要となる条件・前提について話し合う。ゆとりとは、その人らしさが発揮できることであり、その人らしさとは、その人がその場所で築いてきた地域資源に自らの力でアクセスできることである。具体的な介護サービスの検討は、この後になる。

　ケース検討が何件も積み重なると、公民館のバリアフリー、公園などの休憩場所、道路の車道と歩道の段差解消など、まちづくりの方向性も明らかになる。これらは各エリア別に行われる地域ケア会議とは別の市町村単位で行われる。地域ケア推進会議に政策提言を行うこともできる（7章参照）。もちろん、これは建築士やまちづくりに携わる人が、同席している場合のケースであり、今後一層の連携が期待される。

❸ 自立のための介護保険制度改正

　さらに介護保険制度は、3年に1度の改正で、まちづくりと連携したアイデアが多数議論されている。一つ目は、地域リハビリテーション活動支援事業である。高齢者が退院して自分の地域のサロンやお祭りに参加しようという意思があれば、リハビリテーション職（OT・PT・ST・栄養士等）を地域に派遣して、社会参加ができるようにするためにはどうしたらよいかを検討できる。いくら病院のベッドでリハビリをしても、退院後にまちを楽しめなければ改善が進まない。現状では、地域の体操教室で、リハビリ職の方が講師を務めるケースが多いように思うが、社会参加・地域づくりの現場等で一緒に取り組む仲間になるのではないかと思う。

もう一つ、介護事業所には自立支援型の介護を推進するための、自立支援促進加算という報酬制度がある。たとえば、2024年度の介護保険制度の改正に向けた議論として、デイサービスにおいて、社会参加活動を促進してはどうか（加算をつける）というものがある。現在、デイサービスにおける社会参加は、利用者同士の交流やコミュニケーション、利用者同士の役割づくりを社会参加活動としている。しかし、社会参加促進という以上は、地域の自治会・町内会や各種催し事への参加支援、公園や歩道などの清掃活動などに参加してもらうことを考えている。地域のデイサービス事業所を、地域活動との接点をもって、交流や社会参加をしていくよう誘導しつつある。介護保険は、まちづくりを自立支援に活かそうと制度改正のたびに工夫していると考えられる。

報酬のためというよりも、当事者の自立支援のために、特にリハビリ職や経験豊かなサービス事業所が、公共施設の清掃や地元のイベントなどに、積極的にシニアとともに参加しているケースが増えている。

▶▶▶ 3　新しい介護予防・日常生活支援総合事業

■1 総合事業とは

次に、9章でも取り上げた介護予防の面での連携である。市町村は、新しい介護予防・日常生活支援総合事業（以下「総合事業」という）として、地域の実情に応じた介護予防メニューを独自に創出することができる。制度上は「住民等の多様な主体が参画し、多様なサービスを充実することにより、地域の支え合いの体制づくりを推進し、要支援者等に対する効果的かつ効率的な支援等を可能とすること」を目指す。

介護保険制度では、身体介助ではなく、家事等の援助については、いわゆる介護保険サービスだけでなく、NPO法人や町内会による生活支援、事業所による清掃サービスなど地域にある多様な選択肢を上手く組み込んでいくことが期待されている。厚生労働省は、「支援する側と支援される側という画一的な関係性ではなく、地域とのつながりを維持しながら、有する能力に応じた柔軟な支援を受けていくことで、自立意欲の向上につなげたい」とのことである。

☑ まちづくりの文脈で理解する総合事業

　65歳で仕事をリタイアしたAさんは、退職後に民生委員を引き受けることになった。民生委員として、地元の町内会館で週に2回ふれあいサロンを主催してきた。この会は、地元でも根強い人気があり、毎週2回10年以上続いている。ある時、Aさんは自宅で転倒し大腿骨を骨折、長いリハビリを経てようやく自宅に戻ってきた。リハビリは順調であったが、年齢による老化もあり以前のような活発な活動はできなくなった。Aさんは、週2回デイサービスに通っている。

　総合事業の面白さは、このような方への対応を柔軟にできることである。まず「新しい」とあるのは、従来のような地域包括支援センター、保健所や行政が立ち上げた体操教室だけが介護予防なのではなく、ふれあいサロンなど地域活動やボランティアも介護予防の一環であると位置づけたことにあると言える。たとえばAさんが自分で立ち上げたサロンを、デイサービスのように利用することができる（総合事業・通所型B）。自分が立ち上げた居場所に、自分が弱ったときにも通うことができるというのは魅力的である。純粋な関係の仲間がいて、話し相手がいる。足腰は弱っても、お茶を出したり・話し相手になっ

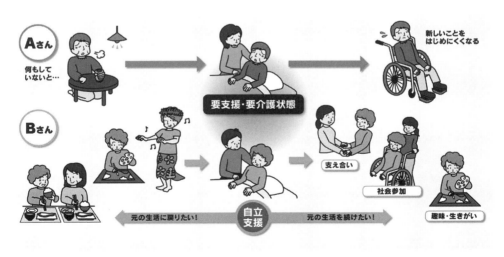

図4　介護予防と自立支援 （出典：著者作成）

たりと、支援する側・される側という固定された関係ではない取り組みもできる。

　老後に貯金が 2000 万円ないと安心して暮らせないという言説があるが、元気な時に自分の力で、身近な地域の社会資源を増やし純粋な関係を増やしておくことで、十分対処できるのではないか。まちづくりとしての様々な居場所や交流拠点があれば、地元の人が要介護状態になっても楽しく参加できる（図4）。デイサービスにも行けるし、友達にも会いにいけるカフェがあるなど、市町村と相談しながらエリアマネジメントの感覚で、まちの拠点を増やしつないでいくことはできないだろうか。

▶▶▶ 4　生活支援体制整備事業

■ 生活支援とは

　生活支援とは何かについても、これといった定説がつかみにくい。本書に沿っていえば、生活を支援することにつきるわけだが、それでは生きることすべてが対象とも言える。福祉国家の文脈でいえば、生活保護のように、現金給付や現物給付さえすればあとは何とかなるものかもしれないが、実際にはご飯を食べるという行為も、移動、買い物、調理、皿を洗うなどの複雑な行為の積み重ねであり一つ一つに支援が必要である。

　生活支援には、一般的に、調理や買い物、洗濯、見守り、安否確認、外出支援、社会参加支援活動、日常的な困りごと支援などの多様なサービスがある。筆者が、最もシンプルな理解として使用しているのは、故小山剛氏による「朝晩の声掛けと 1 日 3 食」である。朝晩の声掛けがあって、1 日 3 食たべられるようにさえしてくれれば、孤独死はない、これが最低限の生活支援ではないかといわれて、なるほどと思った。

　介護保険制度以前は、これらはすべて家族の役目であった。たとえば、多少頼りない同居の独身息子でも、親が調子が悪いとなれば、朝起きて「調子はどう？　病院行く？」とか、「今日は仕事だから明日なら連れていくよ」となる。食事をつくれないなら、弁当とか果物でも買ってこようかとなる。老老夫婦や一人暮らしで、通常は介護保険を利用するほどではないが、風邪等の体調不良

で、誰も声をかけてくれなければ、買い物から何からすべて自分で担わないといけないと思うと心もとない。

2 生活支援は誰が担うのか

　この朝晩の声掛けと1日3食をすべて公費で賄う方法もあれば、すべて自費で賄わせる方法もある。すべて公費で賄うとすれば、それなりに所得税や福祉目的税などが必要になるだろう。他方で、全額自費というのも昔からあり、家政婦さんを雇っていたり、宅配弁当、セキュリティ会社による見守り、家事代行サービスなどこちらも多くの選択肢がある。我が国の場合は、6章でも整理したとおり、介護保険＋互助の組み合わせが採用されている。

　互助型にもいくつかパターンがある。一つはたとえばお嫁さんが生活支援を担うといった家族による相互扶助がある。最近でも、15歳、16歳の子どもがケアワーカーとして期待されるヤングケアラーの問題などがある。二つ目は、

○高齢者の在宅生活を支えるため、ボランティア、NPO、民間企業、社会福祉法人、協同組合等の多様な事業主体による重層的な生活支援・介護予防サービスの提供体制の構築を支援
　　・介護支援ボランティアポイント等を組み込んだ地域の自助・互助の好取り組みを全国展開
　　・「生活支援コーディネーター（地域支え合い推進員）」の配置や協議体の設置などに対する支援

図5　多様な主体による生活支援サービスの重層的な提供（出典：厚生労働省生活支援体制整備事業）

伝統的な地域社会による互助がある。三つ目は、1985年の男女雇用機会均等法以降盛んになったワーカーズコレクティブ運動や、さわやか福祉財団等による有償ボランティアの取り組みである。

　介護保険制度は、家族による直接的な介護をあてにせず、社会サービスによって支えるための制度であるが、他方で地域に互助の支援や自費で利用できる支援が十分揃っていないことも、理解している。そこで、介護保険制度は互助型の生活支援を軸に、在宅生活を支えるための重層的な生活支援サービスの提供体制を構築する事業を始めた（図5）。その名も生活支援体制整備事業である。

■3 2層のコーディネーターと2層の協議体

　交流サロンや家事援助の団体は、自然発生的に制度の都合よく立ち上がるわけではない。他方で、介護保険制度を効率よく運営するために、住民が自発的に培ってきた資源に一方的に相乗りしていくというのも道理が通らないだろう。そこで、生活支援体制整備事業は、次のようなプログラムに予算をつける仕組みとなっている。

　互助型の生活支援で大切なのは、信頼関係のある住民同士がお互い様の関係

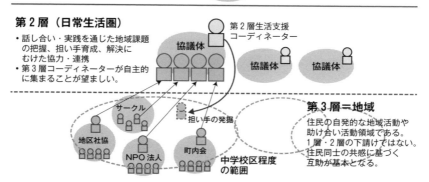

第1層
- 自治体全域での課題の整理・分析・検討、地域ケア会議等への政策提言、関係者のネットワーク化、2層への助言や支援
- 政策として創り出された領域

第1層生活支援コーディネーター
協議体

第2層（日常生活圏）
- 話し合い・実践を通じた地域課題の把握、担い手育成、解決にむけた協力・連携
- 第3層コーディネーターが自主的に集まることが望ましい。

第2層生活支援コーディネーター
協議体
協議体　協議体

サークル
担い手の発掘
地区社協
NPO法人
町内会
中学校区程度の範囲

第3層＝地域
住民の自発的な地域活動や助け合い活動領域である。1層・2層の下請けではない。住民同士の共感に基づく互助が基本となる。

図6　123層コーディネーター（出典：公益財団法人さわやか福祉財団（2018）新地域支援事業——みんなで創ろう助け合い社会——を参考に、第3層＝地域住民活動の重要性を強調して著者作成）

で助け合うことである。このような取り組みは、地元の町内会、商店会、NPO法人による取り組みなど、すでにある。これらを3層の（身近な地域の）活動と呼ぶことにする（図6）。

ただし地域によっては、この3層のコーディネーターの数が少ない。またコーディネーターはいるが活動する場所が少ない。アイデアがなくマンネリ化しているなど、いわゆる地域資源が少ないことが多い。そこで、この3層のコーディネーターが活躍する範囲をいくつかまとめて、日常生活圏域＝中学校区程度を2層圏域とする。3層のコーディネーター（世話焼きおじさん・おばさんや町内会、民生委員）の方同士が近況を情報交換したり、同日にイベントを行うなら一緒にやりましょうと調整などを行えると、少ない資源でも双方の協力のもと有効に使える。このような情報交換する場を2層の協議体と呼んで、生活支援体制整備事業で会議費や会場代、イベント費用などを負担することができる。

一方、この話し合いは既存活動の調整でもある。そもそも地域資源が少ないところで新しい制度を始めては、少ない資源をさらに疲弊させることにもなる。そこで新たに3層のコーディネーターを発掘したり、担い手発掘のイベントを立ち上げたりと、誰かが地域資源を開発することが求められる。この役を担う

（1）生活支援コーディネーター（地域支え合い推進員）の配置

(A) 資源開発	(B) ネットワーク構築	(C) ニーズと取り組みのマッチング
○地域に不足するサービスの創出 ○サービスの担い手の養成 ○元気な高齢者などが担い手として活動する場の確保　　など	○関係者間の情報共有 ○サービス提供主体間の連携の体制づくり　　など	○地域の支援ニーズとサービス提供主体の活動をマッチング　　など

（2）協議体の設置⇒多様な関係主体間の定期的な情報共有および連携・協働による取り組みを推進

生活支援・介護予防サービスの多様な関係主体の参画例

NPO　　民間企業　　協同組合　　ボランティア　　社会福祉法人　等

図7　2層（中学校区）に配置される生活支援コーディネーターと協議体（出典：厚生労働省生活支援・介護予防の基盤整備に関する資料を一部改変）

のが、2層の生活支援コーディネーターということになる。図7の(1)の通り、2層の生活支援コーディネーターは協議体と連携はするが、協議体の補完勢力ではなく、独自に地域資源を開発し、ネットワークを構築し、またそのような地域資源と介護ニーズとをマッチングしていくことが期待されている。

　画期的なのは、中学校区程度の1地区あたり年間400万円程度の常設のコーディネーターを整備することができる。このコーディネーターは特に資格は問われていない。社会福祉協議会に委託されることもあれば、地域包括支援センターに委託されることもあるが、NPO法人やまちづくり団体などでも可能である。さらに活動費については、別途、一般介護予防事業といった仕組みも使える。町家を活用したサロン、空き家を活用した居場所など、住民らが新しい活動を創り上げる。ちなみに2層の協議体での議論は政策提言を含めて、自治体を統括する1層の協議体に送られ、次の介護保険事業計画の見直しにつなげられる仕組みとなっている。

4 協議体でのまちづくりへの提案

　協議体（図7の(2)）の場では、たとえば住民がサークル的に気軽に集まる場所がないとか、仮に地域活動で使える空間はあっても老朽化しているとか、トイレが和式で敬遠されていて補助金で改修できないかとか、ある地区は交流する場所がなく息子さんのガレージを利用して野外サロンをしているなど情報交換がされる。散歩について取り組んでいる団体は、日頃利用する道路の歩行の安全性と快適性について、実際に要支援者や認知症の方と散歩しながら歩きやすい道づくりの提案を考えている。そのほか、コミュニティバスを利用して実際に公民館で飲み会をして男の居場所をつくるとか、移動できない方のためのコミュニティ活動拠点やお祭りへの移送問題を自発的に住民が解決している。

▶▶▶ 5 　対象となる多様な現代的ニーズ

1 生活を支援する体制をみんなで育てる

　65歳以上の高齢者の生活の悩みで多いのは、ゴミ捨てができない、布団の上げ下ろしができないということではない。前章でみた健康づくり・介護予防

の文脈の通り、男女ともに居場所がない・役割がない・閉じこもりがちといった悩みである。

まず住民等でコミュニティカフェ、交流サロンなどをつくるということになるが、団塊世代が毎日でも通いたくなる、自分がボランティアをしてでも運営したくなるサロンはどのようなものだろうか。いわゆる、1杯百円のコーヒーを近所の人と飲んでおしゃべりをする「ふれあいサロン」も引き続き

図8　固定観念にしばられないシニアの
コミュニティ活動（出典：著者作成）

必要である。またクラインガルテンのような週末農業というのも居場所になるかもしれない。たとえば団塊世代はビートルズ世代である。バンド活動なども、現代的には居場所になる（図8）。

このような現代的な居場所を増やしていくには、民間事業者の積極的な参入も期待したい。すでに地方のコーヒーチェーン店などは、バリアフリー店を増やしたり、小規模な会合がしやすい工夫などをしている。老人会の集まりを喫茶店で行っても何も問題はない。シニアがそれぞれのニーズに応じて利用して、気軽に集まれる場所を増やしていけばよいのではないか。

2 隣近所の支え合いは現実的か

さて制度上は、見守りや家事援助について隣近所での助け合いが期待されているが、現代的な感覚として、隣近所の人に布団の上げ下ろしなどを助けて欲しいだろうか。やはり、地理的な条件で近いからとか、制度で助けることになっているからというのでは、上手くいかないのではないか。実際に、生活支援の立ち上げを行うと、生活支援のボランティアをしてもよいという人は多数いるが、サービスを利用する人が少ないという問題にぶつかる。そこであらためて、「純粋な関係」に基づいて考えてみたい（5章2節）。

助け合いという言葉があるが、実際はどうか。図9は、2016年の川崎市の

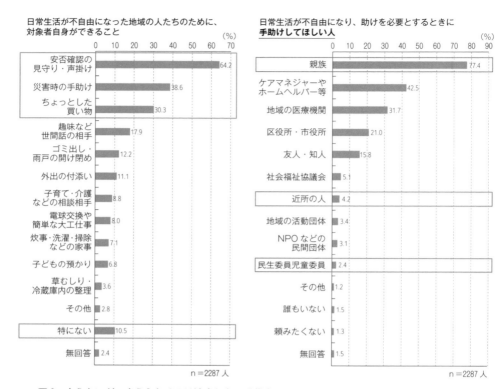

日常生活が不自由になった地域の人たちのために、
対象者自身ができること

(%)

安否確認の見守り・声掛け	64.2
災害時の手助け	38.6
ちょっとした買い物	30.3
趣味など世間話の相手	17.9
ゴミ出し・雨戸の開け閉め	12.2
外出の付添い	11.1
子育て・介護などの相談相手	8.8
電球交換や簡単な大工仕事	8.0
炊事・洗濯・掃除などの家事	7.1
子どもの預かり	6.8
草むしり・冷蔵庫内の整理	3.6
その他	2.8
特にない	10.5
無回答	2.4

n＝2287人

日常生活が不自由になり、助けを必要とするときに
手助けしてほしい人

(%)

親族	77.4
ケアマネジャーやホームヘルパー等	42.5
地域の医療機関	31.7
区役所・市役所	21.0
友人・知人	15.8
社会福祉協議会	5.1
近所の人	4.2
地域の活動団体	3.4
NPO などの民間団体	3.1
民生委員児童委員	2.4
その他	1.2
誰もいない	1.5
頼みたくない	1.3
無回答	1.5

n＝2287人

図9　支えたいが、支えられるのは遠慮したい現代人（出典：川崎地市域福祉計画）

データである。まず左側、地域の人で日常生活が不自由な人がいる場合に、あなたは何ができるか？という質問では、特にないと答えた人は実に1割しかいない。9割は何かできるというのである。一番多いのは、見守り・声掛け、災害時の手助け、ちょっとした買い物である。

それでは、この逆に、あなた自身が日常生活が不自由になったときに、助けて欲しい人は誰かと問うと、近所の人は4.7％、民生委員児童委員などの制度ボランティアで2.4％である。つまり、困っている人がいれば助けることはやぶさかではないが、自分が困ったら近所の人は遠慮したいということになる。助け合いというほど、「合い」にはなっていないようである。たとえば、見守りという言葉があるが、見ると守るに分けて考えてみると、平らな関係・純粋

な関係で、そこに信頼感がなければ、見るは監視であるし、守られているという安心感も育たない。

　介護保険制度としては、生活支援として図5の通り、見守り、家事援助などにつなげたいようであるが、実際にやってみると都会では利用したい人がいないという現実がある。これをどのように乗り越えていくかが問われている。一方地方小規模自治体、町村部に行くと、居住者同士は信頼関係がすでにあるので、お互い様の支え合い＝生活支援ということになるが、今度は担い手不足で難しい。

○ 居場所づくりから仲間づくり

　これに対して、筆者が工夫してきたのが、居場所づくりから支え合いにつなげていく方式である。これは平成26年度に厚生労働省の報告書で取り上げられた方法であり、まちづくり的であり上手くいくのではないかと考えた。図10の通り、居場所づくりから仲間づくりを経て、信頼関係を育みつつ支え合いにつなげていく方法である。介護保険制度の枠組みに、地域介護予防活動支援事業というものがあり、1万人あたり10か所程度、居場所づくりをするという事業がある。

　これを本書に合わせて理解すれば、たとえば、週1回1～2時間、6～7人で良いので仲間と集まる。映画鑑賞でもいいし、カラオケ、ビートルズのおや

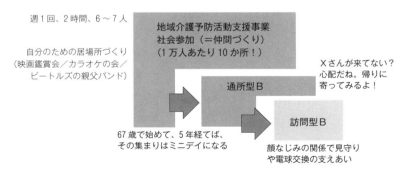

図10　居場所づくりから総合事業への展開モデル （出典：三菱 UFJ リサーチ＆コンサルティング^{注5}を参考に一部改変。枠外の文字は、筆者によるもの）

じバンドでも良い。退職後に始めて数年経過すると、そのなかのメンバーの誰かしらはケガをしたり入院をしたりとフレイルな状態になる。たとえば大腿骨を骨折した、大きな手術をしてマヒが残る。そうなっても、仲間が声をかけて誘ってくれる。本人とっては居場所であるが、そのような集まりをミニデイとして通所型Bという予防のメニューにすることも、市町村の工夫でできる。また居場所の集まりのついでに、いつものメンバーが来ていないので自宅に声を掛けに行けば見守りになるし、顔見知りで信頼関係があれば電球交換などの家事援助なども頼みやすい。これを訪問型Bというサービスとすることも、市町村の工夫でできる。このように、団塊世代のニーズにあった居場所づくり、仲間づくり、支え合いを、自発的に促す仕掛けである。

❸ 高齢者コミュニティ活動創出支援事業

　小さな場所から始めるまちづくりは、まちづくりの専門家がプレイスメイキ

1. 地域の魅力と課題
2. 地域資源把握と地区分析

コミュニティ・アセスメント

対話型グループワーク

コミュニティデザイン手法を用いて、参加者が対話を通して、地域の魅力と課題を整理、把握、分析し、自分のために仲間を誘って取り組みたいことを発想する

3. 健康づくり・生きがいづくり
　　プログラム検討

新しい居場所づくり	訪問型生活支援
サロンの再構築	コミュニティビジネス

社会参加から健康・生きがいづくり
→仲間づくりと能動的な信頼関係構築

自分らしく最期まで暮らすためにはどうしたらよいか？

図11　コミュニティデザイン技法による生活支援体制整備プロセス （出典：著者作成）

ングとして様々な工夫を開発してきた分野であり、ノウハウがある。筆者はコミュニティデザイン技法[注6]を取り入れたワークショップを行い、居場所づくりから仲間づくりを進める方式をモデル化し、高齢者のコミュニティ活動創出支援を実施してきた。これは秋田県秋田市や岩手県釜石市などでは、生活支援体制整備事業の枠組みを利用して実施した（図11）。

　簡単に紹介すると、地元の高齢者5～6人に集まってもらい、まず地域包括支援センター等の担当者から当該地域の高齢化率、高血圧の人が多いとか骨折転倒の多い地域といった情報を報告してもらう。住民同士で地域で年を取ることについて、お互いの感想や率直な不安なども出してもらう。このような対話の場を2～3回程度、ワークショップ形式で開催して、共有された課題について、行政に政策として解決してもらうもの、住民で取り組むものなど役割分担を図る。特に住民で取り組むものについては、型にはまらない健康づくり・生きがいづくりのプログラムとして、自分が虚弱になっても利用したいもの・楽しみたいものを企画してもらう。生活支援コーディネーターを軸に3～5回程度定期的に実施してもらう。その後数年にわたり続いている居場所もあれば、案外つまらなくて2～3回で自然消滅したものもある。この取り組みを通じて、実際に通院に付き添ったり、集まりに来ない日には家を訪問して様子をみたりと、確かに純粋な関係のなかで支え合いが立ち上がっている。

注
1　上田敏（2005）『ICF の理解と活用』萌文社。そのほか ICF については、大川弥生（2009）「生活不活発病──ICF（国際生活機能分類）の「生活機能モデル」で理解する」『月刊　ノーマライゼーション』第 29 巻通巻 337 号、大川弥生（2009）『「よくする介護」を実践するための ICF の理解と活用──目標指向的介護に立って』中央法規出版、などが参考になる。
2　厚生労働省「指定居宅介護支援等の事業の人員及び運営に関する基準」
3　埼玉県福祉部地域包括ケア課（2018）『介護予防のための地域ケア会議（自立支援型地域ケア会議）について』
4　Garven, McLean & Pattoni Asset Based Approaches, 2016: 29
5　三菱 UFJ リサーチ＆コンサルティング「平成 26 年度厚生労働省老人保健事業推進費等補助金：地域支援事業の新しい総合事業の市町村による円滑な実施に向けた調査研究事業報告書」p.13
6　本手法は、東日本大震災における岩手県での被災地支援ワークショップで実践を経て、定式化したものである。理論面では、小泉秀樹（2001）「第 8 章　コミュニティ・デザインとまちづくり NPO」原田純考編『日本の都市法Ⅱ　諸相と動態』、小泉秀樹編（2016）『コミュニティデザイン学』東京大学出版会を参考にしている。

11章

地域で暮らすために必要な
サービスと場所

支援的（アシスティブ）な生活環境

▶▶▶ **1　みんなの自己実現を支える総合的まちづくり**

1 転ばぬ先のまちづくり

　本章では、主に高齢期の不安を減らし自己実現を目指しやすくするコミュニティの支援的環境について、自分自身で創り出すための論点や事例についてまとめたい。

　図1は、一般的な年齢を考慮するのではなく、縦軸を健康自立度、横軸を経済自立度として地域包括ケアシステム等の社会保障の仕組みを整理したものである。たとえば経済的自立度が低ければ、我が国には生活保護という仕組みがある。介護保険制度は、経済的自立度に関係なく、介護保険料を支払っていれば介護度に合わせた給付が受けられる。生活保護の前段階で支援をする生活困窮者自立支援法などもできた。

　地域包括ケアシステムは、介護保険制度に端を発したものでありながら、近年の論説では図1の全体を対象としている。というのも、不本意な失業、認知症の発症、配偶者の死別、離婚により子育てと仕事を両立させる女性キャリアなど、健康で経済的に自立していても、蓋然性が低いリスク（しかしそれは同時にチャンスのこともある）に見舞われることがある[注1]。身体的自立度や経済的自立度が少し下がるだけでも、生活の不便さが直ぐに自分らしさを苦しめる。その際に、これまで自分が培ってきた地域資源・社会資源を包括的に利用して、ケアを受けながら再起を図ることで、再び自分らしく生きていくことができる

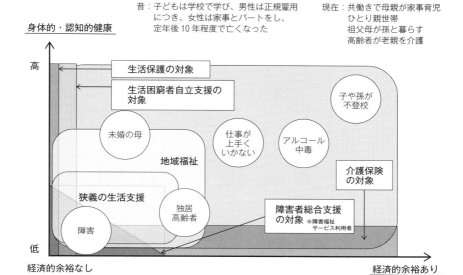

昔：子どもは学校で学び、男性は正規雇用
　　につき、女性は家事とパートをし、
　　定年後10年程度で亡くなった

現在：共働きで母親が家事育児
　　　ひとり親世帯
　　　祖父母が孫と暮らす
　　　高齢者が老親を介護

身体的・認知的健康

高

生活保護の対象

生活困窮者自立支援の
対象

子や孫が
不登校

未婚の母

仕事が
上手く
いかない

アルコール
中毒

地域福祉

介護保険
の対象

狭義の生活支援

独居
高齢者

障害者総合支援
の対象　※障害福祉
　　　　サービス利用者

障害

低

経済的余裕なし

経済的余裕あり

図1　経済的自立度と健康自立度で考える地域包括ケア (出典：著者作成)

のである。

　たとえば、生活が困窮した際に、生活保護を受けてしまったら恥ではないか、一生もとに戻れないのではないかと思い、申請できるのに申請しない人もいる。非常時の給付金だけを考えると、そのような気持ちになるかもしれない。しかし、使えるものは何でも使ってみる。その際地域資源・社会資源を上手く活用しつつ、自分らしさを取り戻せれば、けっして恥ではないと考えてみてはどうだろうか。介護保険にも同様のことが言える。

　自分が安心して自分らしく暮らせる環境は自分自身で創り出さなければならない時代である[注2]。地域包括ケアシステムの構築という社会の大きな流れを活用して、高齢者自身が（小さくてもよいので）仲間を募って、自分たちの生活環境を改善する運動を、超高齢社会のまちづくりと定義してみたい。転ばぬ先のまちづくりである。

② どこにどのような支援が必要か

多少弱ってもできるだけ自立的に暮らし続けられる物的・社会的サポート環境をつくること（弱っても暮らし続けられる住環境とコミュニティケア環境）が大切になる。

図2は、厚生労働省が2011年にサービス付き高齢者向け住宅を説明する際に作成した資料を、筆者が改変したものである。横軸が健康自立度を示し、右に行けばいくほど医療依存度・介護度が高くなる。地域包括ケアシステムは、縦軸のすべてを包含するものであるが、誰が負担するかについては、議論の余地がある。現状、医療介護サービスは、医療保険・介護保険制度が負担している。

住宅サービスについては、基本は自己負担である。戸建てにおいては、草刈りや除雪などの管理業務がある。これも元気な時は個人が自分で除雪や草刈りをして、自己負担している。他方で、身体機能が衰えてくると、除雪や草刈りを担うことが難しくなり、この部分についてはお金を払って誰かに依頼するこ

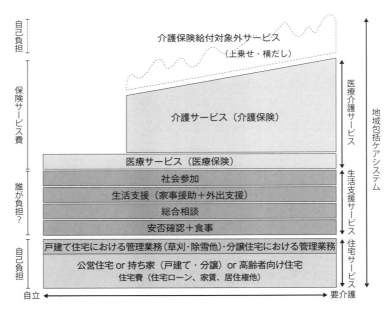

図2　高齢者の住まい、生活支援とケアサービスの関係（出典：厚生労働省[注3]をもとに筆者作成）

とになる。いま、この部分を、隣近所で助け合えないか、戸建て住宅における管理業務を生活支援に含めてはどうかという議論がある。本来は個人の資産管理の範疇にあるものについて、純粋な関係からすれば困っていれば助けてあげたいところだが、外形的基準で考えれば、息子や娘がいるのになぜ除雪や草刈りを手伝わなければならないのかと異論も出やすい。

▶▶▶ 2　家を売って老人ホームに入居するのは正しい戦略か

① サ高住と老人ホームの違い

　このように整理すると、いわゆる介護付き有料老人ホームや特別養護老人ホームというものは、介護サービス、生活支援サービス、住宅サービスの三つが一つの施設で一つの供給元から提供されるものと理解できる。他方で、サービス付き高齢者向け住宅（サ高住）は、住宅サービスとともに生活支援サービスのうち総合相談機能が付帯しているのが一般的である。その他のサービスは、自分で好きな事業者を選んで利用することができる。老人ホームとサ高住の違いはこのように理解すると良いのではないか。

　地域包括ケアシステムは、自宅においても、介護サービス、生活支援サービス、住宅サービスが切れ目なく受けられる状況を創ろうとするものである。特に生活支援サービスについては、家族による支援だけでなく、地域コミュニティによる互助なども活用していくことを想定している。

② なるべく高値で売りたい自宅

　高齢化した郊外住宅地再生のまちづくりが上手く進まない地区で、空き家だらけなのにやたらと土地や中古住宅の販売価格が高いことがある。また住宅地やマンションの再生について総論賛成だが、いざみなでお金を出し合い、エレベータを付けたり集会場等の改修を行う話になると、とたんに議論が進まなくなることがある。なぜだろうか。

　高齢者がいまの住宅地に住み続けることは不可能だと思いこむと、当然どこかのタイミングで老人ホームに入ることを検討する。最も合理的な選択肢は、夫婦で生活している間はなるべくお金を使わないように工夫をして暮らす。そ

してどちらかが亡くなったときに、家を売ったお金と預貯金を合わせて、老人ホームに移ろうという作戦だ。ところが、長生きしすぎてしまうリスクがある。老人ホームに入っても、その後の生活費の面で年金だけだと少し足りなくなる不安がある。たとえば、補聴器や眼鏡を買い替えたい、歯の治療をしたいなど、意外とお金が掛かるのである。貯金と家を売却したお金だけだと、予定よりも長生きしてしまったときが心もとない。この数年で、実際に自宅を売却して老人ホームに入ろうとしたら、手持ちの現金がショートするので諦めたという話をよく聞く。

　このような行動は、ある程度質の良い郊外住宅地の売却値段が高止まりすることにもつながっている。なるべく高めに売りたい高齢者は、売る時までは余計な出費はしたくない。本来なら、若い世代が場合によっては隣地も買って、テレワークも含めて郊外らしい暮らしをしたいと思っても、不便なところなのに結構高い値段になっている。またマンションの場合は、老朽化しても高齢者が多いと「自分はあと何年で老人ホームに移るか」という算段が始まるので、建替えや修繕の合意形成はますます難しくなる。

　まちづくりの専門家としては、立派な住宅があるのなら自宅のバリアフリーやまちに投資してもらい、最期まで安心して暮らせるまちづくりを一緒にしませんか、と訴えたい。

❸ 念願の老人ホームからの退室を迫られるとき

　どうにかして、やっと老人ホームに入り5年、10年と時間が経ったころに、退所を迫られることがある。それは長期の入院である。施設内で肺炎になったり、骨折をすると、いったん治療のために入院が必要となる。10年近く暮らした老人ホームであるが、認知症が進み医療依存度が高くなると、施設では看ることができないといわれる。系列の病院に入院して治療をすることになるが、この期間が長引くと図2の介護サービスの部分が施設側に入ってこなくなる。たとえば要介護度3の方が半年も入院してしまうと、その間の介護収入がなくなる。これでは施設の経営に影を落とす。そこで、回復の見込みが薄いのであればそのまま病院で最期を迎えてもらおうということになる。家族に施設から突然の電話があり、「このまま入所していても家賃等がもったいないので、そ

ろそろ退所しませんか？」というお誘いがあったり、契約書に「3か月入院したら退所」と書いてあったりもする。これに対して厚生労働省も、老人ホームでの看取りや特別養護老人ホームでの看取りなどに加算をつけて、人生の最期を住みなれた場所で過ごせるよう制度改正を繰り返している。これからの20年で、看取りのあり方もある程度は当事者中心に整備されていくと考えられる。

４ アンケートでは聞き出せない住まいの意向

　しばしばまちづくりのアンケートで、自分の身の回りのことを自分でできなくなったときに、どこで暮らしたいか？という質問をすることがある。すべての選択肢が構造化され、当事者がよく理解できていれば回答も統計的に有効だろうが、実際には高齢者の建前ばかりが整理されて有効なデータにならないことが多い。さらに高齢者の一方的な思い込みも含んだライフデザインでもあり、アンケートだけで聞き出すのは難しい。まちづくり側としては、ここまで整理してきた情報を地域住民と共有して、さてみなさんはこれからどうしますか？と問いかけて、一緒に都市像・地域像を考えていくことができれば、かなり高い精度で、まちの空き地や空き家の将来予測が立つのではないだろうか。

▶▶▶ 3　地域包括ケアと住まいの連携でできること

１ こぶし園方式

　さらに住民自身ができる地域包括ケアと住まいとの連携について、筆者が有力だと考える方法についてまとめてみたい。まず地域密着型サービスと住まいの関係として、小規模多機能のモデルとなった長岡福祉協会による〈こぶし園のサポートセンター〉モデルを紹介したい。この理念は、自分が生きてきた（日常生活圏の）自宅をその人の拠点と考えること。そこでの仲間付き合いや地域付き合いがあって生きる希望や夢があり、これを切れ目のない24時間365日の介護看護サービス、特に訪問型の生活支援（主に見守りと食事）で支える。故小山剛氏[注4]は、重要なのはデイサービス（通所介護）ではなく、訪問であると指摘した。1日3食の提供と朝晩の声掛けを基本として、その都度本人が何をしたいのか伺い、タイミングを合わせて支援していく。家族と同居してい

ても、今日病院に連れていけといわれても仕事があれば無理なように、在宅でも当事者と事業者が話し合ってタイミングを合わせればいい。毎日、訪問して信頼関係ができれば相手の生活リズムもわかるし、信頼関係が深まれば介護事業者の方が、家族よりあてになる。

　ちなみにこの最低限の訪問型生活支援については、東日本大震災時に仮設サポートセンターとして、仮設住宅に付帯して整備された。岩手県釜石市の平田第六仮設住宅でも実装され（運営は株式会社 SOMPO ケア）、孤独死やフレイルを防いできた実績がある（仮設サポートセンター[注5]も、故小山剛氏の発案である）。

❷ 住民主導の地域包括ケア

　朝晩の声掛け等の訪問を通じた信頼関係の醸成に着目して、都市部において住民主体で地域包括ケアをカタチにしている事例を紹介したい。

　神奈川県川崎市宮前区野川地区で活躍する、認定 NPO 法人すずの会（代表：鈴木恵子氏）である[注6]。鈴木氏は、1995 年に自身の介護経験をきっかけに、PTA 仲間 5 名を中心に〈すずの会〉設立した。その後、地域の課題を住民目線でとらえ、「やってみましょうよ」と声をかけて、地域に必要なサービスを創り出している。ミニ・デイサービスに始まり、ご近所サークル〈ダイヤモンドクラブ〉、地域の専門職や介護サービス事業所も入る地域ネットワーク〈野川セブン〉などである。2014 年には、空き家を借りた〈すずの家〉を開設して、風呂・食事・送迎付きの気軽な通いの場を通じて、閉じこもり予防や独居の認知症高齢者の居場所となっている。

　すずの会の運営は、主に地域に住むボランティアが担い、常時約 50 名程度が活動している。また野川セブンに関わるボランティアグループが 8 団体あり、その団体ごとに、サポーターとなるボランティアがいる。近所に住む人が、日頃から顔見知りの間柄で、気になる人を見かけたら相談を持ち掛ける。相談があれば、すぐに訪問することもある。困っているから相談するのである。同じ生活者の目線で、声をかけ、実態を理解し、お手伝いをする。時には、ご近所サークルでゆるやかにつながりをつくり、時間をかけて信頼関係を構築する。こうして地域のみんなが「気になる人」を支えていくことで、自分自身も安心

して暮らせるまちになる。

　すずの会の事例は、特に都市部のシニアを勇気づける。たとえば夜徘徊してしまう高齢者がいるという連絡があれば、その時間に犬の散歩をする人に声をかけて一緒に廻ってくれないかと頼んだというエピソードがある。つながりたいけど、しばられたくない世代にとっては、すずの会の事例は、「まずはそれでいいんだよね」という、シニアの共感を集めやすい。

③ 見守り傾聴訪問とまちづくり

　このような取り組みは、事業者の心意気やリーダーの熱意などに味があり、「簡単に真似できない」と言われやすい。しかし筆者としてはそんなに難しいことではなく、「やってみましょうよ」という人がいて、やりながら地域ごとに工夫が生まれ、リーダーが育ち、味が出てくるのだと思う。

　もちろん、地域包括ケアシステムである以上は、行政も住民任せ、事業者任せにしていいわけではない。「やってみよう」という小さな発意を、カタチにしていく仕組みは必要であり、少しずつではあるが具体的な取り組みが始まっている。

　先述の釜石市においては、被災者が仮設住宅から復興住宅や自主再建住宅へ移り住んだが、特に集合タイプの復興住宅は、高齢化率も高く単身世帯・老老世帯の割合も多い。震災時には、上述の仮設サポートセンターが訪問型見守りによって高齢者等を支えていたが、復興後も継続して見守ることができるように、見守り傾聴センターを設置している。見守り傾聴支援センターの職員（介護支援専門員等）が、復興住宅を定期的に訪問し、見守り・声掛けを行う。気になることがあれば、そのまま相談にのるというアウトリーチ型の支援である。

　川崎市においても、小規模多機能の事業者に、地域を面的に支援してもらい、高齢者に訪問型で声掛けをする事業が始まっている。地域密着型サービスの事業所に、地域マネジメントの一翼も担ってもらうという発想である。

　さらに地域包括ケア研究会の2040年に向けた提言[注7]によれば、小規模多機能を地域づくりの拠点に考えられないか、元気だったころの生活をそのまま介護状態でも使えるように、生活支援と人とのつながりを包括報酬型のサービスとして組み立てられないかという制度改正の方向性が示されている。

いずれにせよ、気づいた人がまず身近な所で身近な人と朝晩の声掛けから始めて、徐々に地域の介護サービス事業所等と緩やかにネットワークを築いていくことは、行政任せにしない住民主体のまちづくりとして、着実に自分たちのためになると言えるだろう。

▶▶▶ 4　社会的交流・社会参加の場

■ 交流・社会参加の促進の場づくり

　交流・社会参加の場づくりについては、居場所論として4章、5章で解説してきたので、ここでは手短に事例を紹介したい。歳をとったときに必要なのはキョウヨウ（今日、用がある）とキョウイク（今日、行くところがある）といわれている。これまで見てきた通り、人は閉じこもって孤立するとフレイル状態になりやすい。フレイル状態になると筋肉が衰えて、ますますフレイルが進み、交流・社会参加の意欲がますます衰える。これにともない、自らの守り育ててきた社会資源・地域資源も徐々に衰退していく。年齢を重ねるごとに、心身の衰えがあるのは仕方ないとしても、なるべく高齢者の健康自立期間を最大化し、彼らの活力を地域社会の維持に活かし、また、加齢に応じ心身が多少弱った場合でもできるだけ在宅で自立的な生活が継続できるように地域で支えるような様々なコミュニティ活動を展開していく場が必要となる。

　これはシニア世代に限らず、全世代にも言えることである。意欲が衰えることで筋肉が衰え、筋肉が衰えることで意欲が衰える。仮に心身に障害を抱えていても、意欲があればすぐに行動に移すことが大切である。そのために、まちづくりとしてできることは何か。

■ 住民主導の交流・社会参加の場

　住民主導の居場所として、気軽な交流の場といえば、かつては縁側があった。縁側をモデル化して、現代的な場を考えると、ポイントは、いわゆる公私の境界ということになるだろう[注8]。すなわちどこまで何を他者に見せないように隠し、逆にどこまでなら自分を他者に見せられるか。4章をふまえれば、どうすれば自分のプライベートを他者に語って共感を育くむ場所になるかである。

こう考えると、最初から大勢の居場所を目指す必要はなく、まずは顔見知りの人と、お互いを語っていく小規模な場所でよいのではないか。縁台将棋や縁側の付き合いは理に適っていたと思うが、現代ではそのような空間的しつらえは失われてしまった。その一方で、新しいカタチとして増えているのは、たとえば世田谷区の〈地域共生のいえ〉[注9]といった、自宅の一部を小規模に地域に開いていく取り組みがある。郊外住宅地では、一人暮らしになった親の自宅の一部を談話室のように改修し、近所の人に貸し出して、ついでに見守りをしてもらうといった事例もある。

また、あらためて、これまでまちづくりとして整備してきた、緑道、ビオトープ、河川敷、子育て広場、プレイパークなどを交流・社会参加の拠点とし、要介護になったときにデイサービスに代わる選択肢とすることも考えたい。地域への投資が、自己実現の機会になるとともに、ケア資源として活用できるというのは理想的である。

3 民間主導の交流・社会参加の場

民間事業者による高齢者の居場所といえば、デイサービス（通所介護）というイメージが強いかもしれない。デイサービスは要介護1の方が7〜9時間で8000円くらい、利用者は1割負担になるので800円くらいである。ちなみに某有名テーマパークの障害のある方向けの一日券の相場は7000円前後である。デイサービスの利用者は800円といっても、残りの9割を現役世代が負担しているのだから、やはりお仕着せの内容ではなく、歳をとっても楽しく自己実現できる交流・参加など、選択の多様性が確保されていて欲しいものである。

たとえば「小規模多機能」や「定期巡回」を使っていても、当事者がやりたいのであれば、要介護でもプールに通ったり、レストランで食事をすることもできる（利用料は利用者負担）。もちろん実際に介護に携わっている方からすると、まだ夢物語の感があるかもしれないが、介護保険制度の面では、積極的に社会資源とつながっていくことが、介護報酬として評価される時代になっている。

ゆえに、民間主導の交流の場合は、もっと愉しく元気になるプログラムの可能性を追求していくとよい。多彩な例として、北海道小樽市にある〈よいち銀

座はくちょう〉（（福）よいち福祉会）を紹介したい（図3）。キャバレーの内装を活かしたデイサービス施設であり、写真の通り医師の許可があれば自費でお酒も飲める。他にも、神奈川県横須賀市には〈介護スナック竜宮城〉がある。

図3　よいち銀座はくちょうで利用者さんと交流する著者（出典：著者撮影）

図4　鳩山町コミュニティ・マルシェ
（出典：著者撮影）

図5　川崎市武蔵新城　新城テラスの外観と室内
（出典：著者撮影）

嚥下困難な方のためにトロミのついたお酒も飲める。横浜市青葉区たまプラーザにある〈三丁目カフェ（https://3choome-cafe.com/）〉は、バンドセットのあるカフェであり、ビートルズ世代のための交流の場と言えるだろう。埼玉県鳩山町の鳩山ニュータウンにある〈鳩山町コミュニティ・マルシェ（https://hatoyamacm.tumblr.com/）〉は、公設民営で福祉拠点ではあるが、他にもレンタルオフィスや手芸やスイーツなどの住民が創作した商品の委託販売機能などがある（図4）。川崎市中原区武蔵新城では、土地に根付いた不動産屋さんが中心となり、老朽・空き物件を活用したエリアリノベーションを展開している（https://seses-ishii-labo.com/）。コミュニティカフェ、コワーキングスペース、パン屋さん、訪問看護ステーションなど、交流の場・働く場・支える場など複数の拠点がつながり街の価値を向上させている（図5）。このように民間主導で地元の人が楽しく交流する場所が広がることに期待したい。

4 地域活動館（仮）

　ワークショップに参加する、活動団体に連絡をいれて申込書を提出して地域活動に参加するというのも、苦手な人にはハードルが高い。たとえば映画館で映画を観ればその主人公の気分になり、美術館で絵画をみれば絵を描きたくなり、博物館に行けば自分も趣味で工芸品を集めてみたいと思うように、地域活動を見て参加してみたいと言えるような気軽に地域活動にふれる仕掛けがつくれないか。

　そこで始めたのが、地域活動館（仮）[注10]である。空間的な仕掛けは、部屋の中を通りからのぞけるようにしておくことと、活動中も出入り自由にして、自分で100円を払ってコーヒーを飲める席を用意しておくだけである。通常コミュニティ活動は、会議室で扉を閉めて行う。中から楽しそうな音が聞こえてきても、なかなか覗くこともできない。意を決して、活動に申し込むと、そのまま続けなければいけないような気がして、気軽にお試しができない。実は、コミュニティ活動を行う団体も、新しい参加者が増えないという悩みを抱えている。地域活動館（仮）は、活動中に空間の壁のうち一つを出入り自由にする団体には、1時間500円と安い単価で貸しだす。それぞれの団体に、コーディネーター的な方がいて、目の前を通りかかる人に声を掛けて、活動にお誘いして

図6　地域活動館（仮）における活動風景（出典：著者撮影）

図7　地域活動館（仮）のプログラム例（出典：東京大学高齢社会総合研究機構）

いる。すぐには参加してくれないが、活動のたびに声を掛けていると顔見知りになり、コーヒーくらいは飲みながらちょっと見学していくことになる（図6）。

　運営面の仕掛けとしては、月に1回、活動をする団体同士の会場の予約調整と活動中の出来事を共有する情報交換会を行うことである。数か月先の部屋の予約はできず、毎月翌月分だけ話し合って決める。もちろん、情報交換会で「3か月後の○○の日にイベントをしたい」という宣言は可能である。みな気にして譲ってくれる。たとえばバンド演奏と子育て支援の団体が、3か月後の同じ土曜日の同じ時間にイベントをしたい場合、お互いが早めに宣言をするので、日時を譲り合うというよりも、一緒にイベントを開催するというパターンが多い（図7）。お互いの仲間の層が違うので、新しい出会いがあり、盛り上がる。新型コロナウィルス流行後の現在でも活発な活動の場となっている。

▶▶▶ 5　シニアの働く場所

■ 生きがい就業

　シニアの働く場所も、交流・社会参加の拠点である。現役をリタイアした都市部の高齢者の多くが新たな活躍場所を見出せずに自宅に閉じこもる傾向がある。高齢者がその住む地域で無理なく楽しく働き、地域社会の課題解決にも貢献することにより高齢者の生計に役立つとともに生きがいとなることを目指す。

　失業者の定義は、仕事をしたくて求職活動をしているのに仕事に就けていない人である。定年退職後の高齢者は、男女ともに負荷の多い面倒な仕事でなければ何かしら仕事をしたいと思っているので、失業者ということになる[注11]。我が国の高齢者の場合は、お金のためというのもあるだろうが、今後の生きがいや自己実現を視野に入れたものである。仕事そのものも当事者の健康づくりや介護予防である。この際、現役時代の特技を社会に活かすという方法ももちろんあるだろう。日本は人手不足ということもあり、地元の中小企業等がシニアの生きがい就業を上手く取り入れていくことも現代的な課題といえる。

■ 趣味の起業

　筆者は実証研究として、シニアによるコミュニティビジネス（趣味の起業）

支援に取り組んでいる。週1回300円／人のコミュニティ・カフェも、15人集めて、1か月開催すれば、1万8000円の売り上げになる。居場所も見方によってはコミュニティビジネスである。川崎市川崎区にある〈町の縁側ニューチロル〉は空き喫茶店を活用し月1回夕方に定食と交流を提供している。高齢者が終活の一環で、不用品をメルカリで販売する講座も人気である（図8）。ひとまず儲かることよりも、自分の個性を活かして身近な経済を回す取り組みである。地域資源を活かしたまちづくりといえば、ブランディングとかマーケティングというハイカルチャーを目指す話になりやすいが、こちらはむしろ興味がある人同士の同好会、コミケ、サブカルチャーである。秋田市河辺の赤平地区では、高齢独居世帯ではわざわざつくらなくなった赤飯やおはぎをシニアがつくって見守りを兼ねて販売するコミュニティビジネスがある。

町の縁側ニューチロルのチラシと定食
（出典：川崎区役所提供）

不用品をメルカリで販売する講座（出典：株式会社 ALL-A
提供）

図8 シニアによるコミュニティビジネスの例

シニアが自分の楽しみをコミュニティビジネスに変えて、まちのシェアオフィスなどで展開され、そこが居場所や通いの場になるというのはどうだろうか。また5章で紹介した守屋（2012）の指摘をふまえれば、青年期・中年期と取り組むことができなかった、あるべき私を追求して、長年挑戦してみたかったことに取り組むのもよい。良い居場所が見つからなければ、自分で起業してみてはどうか。

❸ リビングラボ

　リビングラボ[注12] は、秋山弘子氏（東京大学高齢社会総合研究機構）が牽引してきた取り組みである。ラボといえば通常は大学等の研究所にあるものだが、人が生活しているところをラボとして、課題解決やイノベーションを起こしていこうという取り組みである。これは企業がつくったモデルや製品を、テスト

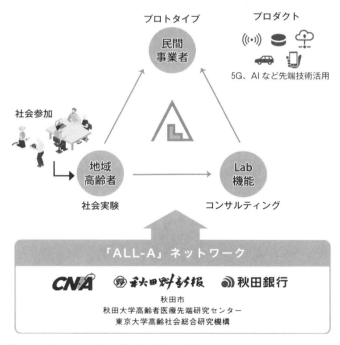

図9　エイジフレンドリー・リビングラボ・秋田の仕組み （出典：株式会社 ALL-A 提供）

してもらうのではない。高齢者は自分のニーズがわかっていないので、製品やサービスのモデルをつくるところから参加してもらい一緒に開発をするというのがポイントである。たとえば神奈川県鎌倉市今泉台は、高齢化の進む移動が不便な高台にある郊外住宅地である。課題が集積しているまちにおいて、当事者を巻き込んで、産官学民協働でビジネスモデルや製品開発を行っている。

　筆者も秋田県秋田市において、株式会社エイジフレンドリー・リビングラボ秋田（末廣健二代表）の立ち上げに関わった（図9）。高齢化最先端地の秋田において、地元の企業や地元の住民と協力してビジネスモデルや製品開発を行おうとする拠点である。先ほどの趣味の起業プロジェクトも、このプラットフォームで試行している。生活支援においても指摘したが、当事者がどのような製品サービスを望んでいるのかわからない。小さな共感を集めて、大きな欲求につなげていく。資産のある高齢者には自分の生活を豊かにするために、なるべくお金を使っていただくことも超高齢社会では重要である。シニア一人の思いは経験に裏打ちされた強いものであるが、やはり一人ではすべてを上手く進めることは難しい。起業創業の支援的環境として、このようなプラットフォームを産官学民で共同運営することが、これからの時代ますます重要になる。

注
1　蓋然性の低いリスクに対して、住民自身が自ら取り組むことについては、ベック（1997）「政治の再創造」を参考にしている。
　　W・ベック、A・ギデンズ、S・ラッシュ『再帰的近代化』松尾精文・小幡正敏・叶堂隆三訳、而立書房、p.199
2　ギデンズは、不確実な社会においては、過去から受け継ぐのではなく、自分自身にとって「望ましい結果が得られるように創り出していかなければならない」ことを指摘する。
　　ギデンズ（1997）「ポスト伝統社会に生きること」同上
3　厚生労働省老健局支援課（2011）「高齢者の地域包括ケアと住まいの連携推進について」
4　小山剛氏による地域包括ケアの視点については、下記が参考になる。
　　辻哲夫・他（2019）『地域包括ケアの原点──小山剛の仕事』第一法規
　　荻野浩基・長岡福祉協会（編集）（2016）『小山剛の拓いた社会福祉』中央法規出版
5　高齢者総合ケアセンターこぶし園（2008）『介護災害を防ぐ生活支援システム』筒井書房
6　すずの会の取り組みについては、すずの会（2016）『気になる人を真ん中に──都市部における住民主体の地域包括ケアの実践と効果の検証』が参考になる。
7　地域包括ケア研究会（2018）『地域包括ケア研究会　2040年：多元的社会における地域包括ケアシステム──「参加」と「協働」でつくる包摂的な社会』
　　三菱UFJリサーチ＆コンサルティング https://www. murc. jp/sp/1509/houkatsu/houkatsu_01. html（2022年10月閲覧）

8　リチャード・セネット（1991）『公共性の喪失』北山克彦・高階悟訳、晶文社

9　後藤智香子（2010）「財団法人世田谷トラストまちづくりにおける「地域共生のいえづくり支援事業」制度の運用実態」『日本建築学会計画系論文集』75（650）、873-882

10　（仮）が付いているのは、サブカルチャーの拠点を演出するためである。

11　この議論はギデンズ（2002）を参考にしている。ギデンズは、生産性主義としての労働ではなく、「一人ひとりの経験や生きることの価値」と結びつく労働の重要性を指摘する。
　　アンソニー・ギデンズ（2002）『右派左派を超えて』而立書房

12　秋山弘子（2020）「長寿社会におけるオープンイノベーションの場：鎌倉リビングラボ」『人間生活工学』Vol. 21（1），1-4、人間生活工学研究センター

12章

歩けなくても愉しく暮らせる
まちづくり

拠点集中か地域分散か

▶▶▶ 1 コンパクトシティとニーズの乖離

1 拠点集中か、地域分散か

　いま福祉国家として、介護サービス施設について「効率性」という点に着目すれば、人口が減少し、高齢者が増え、担い手が減る日本において、どこか一か所に集約して効率よくサービスを提供したいという考えは、供給者側の論理としては理解できる。国土交通省は、コンパクトなまちづくりについて、「人口減少・高齢化が進むなか、特に地方都市においては、地域の活力を維持するとともに、医療・福祉・商業等の生活機能を確保し、高齢者が安心して暮らせるよう、地域公共交通と連携して、コンパクトなまちづくりを進めることが重要（コンパクトシティ＋ネットワーク）」とする。高齢者が困らないように、最低限のサービス配置を効率良く提供することで、最低限の安心につなげたいという点は異存ない。

　ところで、その際の密度はどの程度が適当だろうか。この供給サイドの効率性の究極のカタチは、体育館のようなところにベッドを 50 台くらい敷き詰めて介護サービスを提供するのが効率的となってしまわないか。震災時の避難所を想定すると良いだろう。何のために、住宅ローンを組んでまで、若い時に自宅を購入したのかわからない。人は生まれてから死ぬまで、目先の不安解消と消費のためだけに生きているわけではない。

　福祉拠点整備も供給側の視点で整備される歴史が長く続いてきたが、1990

年のゴールドプラン以降、地域福祉の領域におけるエイジングインプレイス研究の積み重ねにより、需要側（当事者）の論理でとらえていくことが重要であるとの認識が普遍化した。地域包括ケアシステムは、地域分散型の政策である。自宅を核にして、医療・介護サービスをデリバリーしていく。自宅も預貯金もある程度有する高齢者が、自己実現や長生きしたいと思えるまちづくりとして、当事者が持つ地域資源・社会資源を活かすことで対応すべきではないか。最低限の生活保障ならまだしも、自己実現を含むニーズについて公的保険だけで対応することは無理なのだから、本人が長い人生をかけて培ってきた社会資源・地域資源の活用も大切である。

2 都市生態学的同心円状構成論

○ 都市生態学における同心円状モデル

近隣住区論でおなじみの同心円状に広がる都市（立地）のイメージはいつ頃から定着したのだろうか。同心円状の立地論とは、まず中心業務地区には大企業があり、一部には老朽化する住宅エリアがあってインナーシティ問題が発生している。その少し外側には工業地帯があり、またそこで働く労働者の住宅がある。さらにその外側に、所得水準の高い郊外住宅地がある、というものだ。この同心円理論[注1]は、1920年代にシカゴ学派によって提唱された都市生態学[注2]に基づくものである。都市生態学とは、生物がその環境のなかで侵入や遷移を繰り返して、やがて様々な生物種の間でバランスがとれるように、都市も同じように自然の摂理によって立地していくというものである。しかし同心円状に都市が広がるのはアメリカだけの特徴であって、日本やヨーロッパでは自然発生的にそのような立地は取らないという批判もすでに多数なされてきたところである。

○ 制度によって作り出される都市

戦後の郊外住宅地は、都心部への人口増に対して、都市生態学的に発展してきたのだろうか。渡辺（1977）[注3]が明らかにした通り、1920年代のアメリカの郊外住宅地は、人種問題を契機に白人が次々と郊外に住宅を構えることで広がった。これを後押ししたのは、排他的ゾーニング制などの規制誘導や企業等へ

の税制面での誘導である。このような都市計画は、都市における新しい家族や新しい共同体の熱烈な支持を受けてきた。3章では、戦後日本の住宅不足に対して郊外住宅地が推奨されたことを述べた。そのために住宅購入者のための税制や国債などの発行、住宅ローンの審査においても、国の政策動向が反映された。すなわち、自然発生的に立地したのではなく、制度によって創り出された環境である。

　現代の都心居住も、都心部再開発時の容積率のボーナスやコンパクトシティといった政策によって、創り出された環境[注4]である。地域包括ケアシステムも、今後年間150兆円を超える社会保障費が使われて、政策誘導されていく。この機会を活用してまちづくりを進める必要があるのではないか。

○ 地域福祉における同心円状モデル

　地域福祉の領域にも同心円状のモデルがある。代表的なのが、カーンとアントヌッチが1980年に提唱したコンボイモデル[注5]である（図1）。コンボイモデル（護送船団方式）とは、ソーシャルサポートとして身近に感じるものを自分の近くに配置させて同心円上に広げていくものである。これ自体、空間的要素

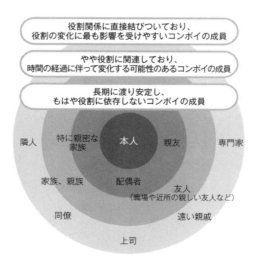

図1　カーンとアントヌッチのコンボイモデル（日本版）（出典：東京都福祉保健局 https://www.fukushihoken. metro.tokyo.lg.jp/　2022年12月閲覧）

は持っていない。しかし、このコンボイモデルが提唱された当時は、近隣住区型の団地やワンセンター型の団地があり、かつ専業主婦がいてコミュニタリアン的共同体が重視され、空間と住民の支え合いが一つのコミュニティのなかで完結していると考えられていた。

　一方、これまで述べてきた通り、女性は自らのキャリアを築き、純粋な関係・平らな社会をつながりとして求めている。インターネットが発達して、どこで誰と助け合うか選べる時代である。ソーシャルサポートとしてのコンボイモデル自体は今も有効であるが、コンボイモデルを実現できたとしても、最も信頼がおける支援者が、物理的な空間において身近なところにいるとは限らない。

❸ 高齢者のニーズは半径1kmの生活圏で満たせるか？

　実際に、要支援・要介護の高齢者のライフスタイル調査を実施すると、高齢者のニーズは、身体的・認知的にはコンパクトで便利であることを望むが、社会的には暮らしの多様性を失いたくないと思っている。たとえば要介護状態であっても、生鮮食料品は駅前のスーパーが良い、パン屋は2駅離れたあの店が良い、和菓子はコンビニではなくなじみの店に行きたいなど、買い物一つとっても高齢者のニーズは多様である。要介護になる直前まで、コーヒーチェーン店で400円のラテを飲んでいた方が、要介護になったとたんに、半径400m圏内のふれあいサロンのコーヒーしか選べないのでは満足できない。

　図2は神奈川県鎌倉市大平山・丸山地区における買い物・生活利便施設の利用状況を把握したものである。大平山・丸山地区は深沢エリアに位置する高台の郊外住宅地であり、地区内では買い物ができない。高台をおりて深沢中学校区内で買い物をしている人もいるが、JR大船駅直結の百貨店や、隣の藤沢駅の百貨店などで買い物をしている。それぞれ、TPOに合わせて買いたいものがあり、買いたいものを手に入れるのにふさわしいと決めている店がある。さらに買い物だけでなく、医療、趣味の活動・交流、散歩などを含めれば、一人ひとりの高齢者ごとに、多段階・多重圏域構成を想定していく必要がある。

　ちなみに半径800m以内で買い物ができない人のことを買い物難民と呼ぶらしい。難民にならないように、移動販売などの工夫も行われているが、それはあくまでも難民にならないための最低限度の支援でしかない。ケアは当事者の

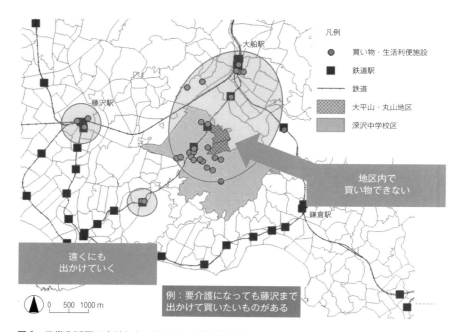

凡例
● 買い物・生活利便施設
■ 鉄道駅
── 鉄道
▨ 大平山・丸山地区
▨ 深沢中学校区

大船駅

藤沢駅

鎌倉駅

地区内で
買い物できない

遠くにも
出かけていく

例：要介護になっても藤沢まで
出かけて買いたいものがある

0　500　1000 m

図2　日常生活圏で完結しない買い物・生活利便施設（出典：東京大学高齢社会総合研究機構 GLAFS 共同研究）

自己実現を助ける行為である。いま仮に障害等で自分の思い通りにならなくなったときに、生鮮産品が手に入るならどこの店でもよいし、パンが買えるならコンビニでよいかというとそうでもない。実際に、このような住民の求めに応じて、ミニスーパーやコンビニが誘致されるケースはあるが、数か月経つと客足が遠のいて経営が苦しくなるケースを多数見ている。

◢ ケアサービスの拠点は中学校区に一つ必要か？

「私たちのお給料では、新宿に住んで子育てするメリットがないです」
（35歳　介護支援専門員）

○ 地域密着型サービス

地域包括ケアシステムの説明では、日常生活圏（中学校区＝人口2万人）を

基本とした同心円状の地区単位が検討されている。確かに、地域密着型サービスなどは、日常生活圏単位に1か所ずつ小規模多機能型居宅介護支援事業を整備していくという議論があるし、地域密着型サービスの整備計画等でも日常生活圏単位での公募が掛けられる。

○ 訪問介護サービスの圏域

そこで実際に日常生活圏で完結した生活支援サービスが行われているのか調査を行った。秋田県秋田市において介護保険給付費データ（利用者データ）と介護保険事業者データを取得し、18か所ある日常生活圏域において、ある圏域に住む要介護者が、どの圏域の事業者の在宅サービスを利用しているか、サービスごとに集計・分析した。

その結果、訪問介護サービスの各圏域のサービス充足率（圏域内のサービスを同一圏域の事業者が提供した割合）を日常生活圏域別に整理してみると、市内全体の日常生活圏域内のサービス充足率は、23.4％であった。中央値は川元地区の24.7％、最高は農村部の雄和地区61.3％、最低は郊外住宅地の勝平地区5.2％である。日常生活圏域内で訪問サービスを完結させようとした場合、介護の担い手不足を考慮しながら、23.4％の充足率を100％にしなければならず、それには強力な公的介入が必要となる。

○ 医療・介護人材の確保が最も重要

なぜこのようにサービスは一つの圏域で完結しないのか。訪問介護サービスを提供する事業所数、利用者枠が多いのは八橋地区23.4％である。次いで広面地区11.1％、川元地区、泉地区と続く。いずれの地区も、主要幹線道路に近い場所にサービス事業所がある。事業所にインタビューをしてみると、介護事業所の運営にとっては、利用者ニーズの集積や物件費（事業所の家賃）よりも、介護職員の確保や移動や送迎にコストがかかるので、なるべく一人の職員が効率的に利用者宅を回る体制を確保しているとのことである。すなわち車移動で利便性の高い場所に事業所を置き、15分程度あれば市内の必要な圏域がカバーできる場所を選んでいるとのことである。地方都市で幹線道路沿いに事業所があればそれなりに広い地域に15分でかけつけられる。ちなみに、都心部に

おいては、日中は電動自転車での移動、夜間は車での移動である。介護保険サービスの適正立地の議論で、利用者と事業所のマッチングという話は盛んに分析されるが、事業所側が最も重視するのは、介護士等の実際にケアを提供する人の供給体制である。

　都市部の事例として、東京都新宿区早稲田近辺での地域密着型サービス事業所にお話を伺うと、介護士等の職員はもっぱら埼玉の浦和あたりから1時間程度かけて通勤している。子育て中の30代、40代の介護職員が、サービスを受ける人の近辺に住んで、すべてが同心円の中で完結していることは、給与や子育て環境の面からみて難しい。これもケアワーカーである当事者目線ではなく、「効率的な配置」なる目線で考えてしまうことによる問題である。

　つまり実態は整備された都市基盤にそって、事業者が働く人の事情も勘案したうえでサービスを提供している。固定的・排他的な徒歩圏サイズの住区に閉じたケア施設配備方式は、サービス供給側にとっても望ましい空間構成ではない。

▶▶▶ 2　社会的サービスへのアクセシビリティの確保

■1 歩けなくても暮らせるまちづくり

　これまでの論点をもとに、超高齢社会のまちづくりとして外出・移動手段について整理すれば、免許を返納した高齢世代だけでなく、子育て中の世代においても、老若男女問わず求められているのは、「日本全国どこにいても、誰もが自由に移動、交流、社会参加できる社会」である。これは、社会資本整備審議会道路分科会基本政策部会の提言として、2040年に向けた「道路行政が目指す"持続可能な社会の姿"と"政策の方向性"」で取り上げられているものである[注6]。誰もが必要な地域施設（公共公益施設や地域活動の場）に徒歩と公共交通でアクセスできることでもあるし、他方では必要なサービスが自宅・近隣までデリバリーされることでもある。

　団塊世代がまだ元気な間は、なるべく歩いて暮らせるまちづくりが重要になるが、後期高齢になるにつれて、物理的に歩ける距離に限界が出てくるので、歩けなくても暮らせるまちづくりが求められる。パーソナル・モビリティ、シ

ェアライド、ラストワンマイル、グリーンスローモビリティといった、ICT
を活用した最先端技術による移動手段の開発だけでなく、住民ベースでのシェ
アライドなど、移動に関する仕組みや規制の見直しも日進月歩で進んでいる世
界である。

② 運転できなくなったら住民バスに乗るという思い込み

　まちづくりの場面で、住民自治組織の役員が集まって、移動手段の話し合い
をすることがある。主題は、高齢者になり車が運転できなくなったらどうする
か。そのためにも、現在のバス便の維持・本数増やシェアライドなどに取り組
むというものである。免許を返納するとバスに乗って移動することになるとい
うのは、少し思い込みの要素が強い。話し合いの場で例に出されるのは、後期
高齢の女性がバスに乗って通院等をしているイメージである。公共交通の充実
を訴える男性役員が、「車があるけれども、1か月バスだけで生活してみるか」
という話になることはまずない。話し合いの対象が、地域に住む自分より10
歳くらい上の世代の誰かのためであり、自分事になっていない。

　まず75歳以上の後期高齢女性の場合は、そもそも世代的に免許証保有率が
低い。運転ができなくなったのでバスに乗っているのではなく、現役時代から
バスに乗って移動していたのである。バスにより通院や買い物に出かけていた
のであれば、長期記憶があり、現代ではICカードの普及などもあるので引き
続き外出が可能である。75歳を過ぎて免許証を返納して、そこからいざ公共
交通を使ってということはなかなか難しい。たとえば、神奈川県秦野市で、神
奈中バスによるバスの乗り方講座などが行われている。複雑な系統図と時刻表
を読み分けて、目的地の最寄りのバス停で降り、そこから目的地まで徒歩でい
くのは、若い世代でも難しい。

③ コンビニは必須だが——第一種低層住居専用地域の問題
○ 基準法上は建てられるが、経営的に成り立つとは限らない

　2019年8月3日国土交通省から技術的助言が出た。「住民の日常的な生活圏
域にも配慮して、主要な生活道路に面する地域等であって、コンビニエンスス
トア、ベーカリーショップ等を含む住民の日常生活のための小規模な店舗等を

許容することがふさわしいと認められる地域については、地域の実情やニーズに応じて、必要に応じ、第二種低層住居専用地域への変更等、用途地域指定のきめ細かい運用を図る」との通知である。

　許可をする基準（準則）として、立地環境、騒音、臭気、夜間照明、景観等への配慮、道路交通、交通安全対策などへの配慮があげられている。またバリアフリーへの対応等により売り場の床面積が通常より大きくなる場合にも、総合的な判断で対応をすることができる（平28国住街93）。また建築基準法では第一種低層住居専用地域において元々診療所などは建築できるわけであるが、児童福祉施設等／児童厚生施設等についても、ある程度の規模（600 m^{2}以下）のものは可能である。7章でも紹介した、小規模多機能型居宅介護支援事業所や訪問介護、定期巡回随時対応型訪問看護介護事業所などは、「老人福祉センターその他これに類するもの」として取り扱うことができる（平27国住街107）。

　もちろん建築できるのであるが、先述の通り、目の前のコンビニが、自分の好みのコンビニなのかとか、診療所よりも大病院に行きたいといったニーズがあるので、経営が成り立つかどうかはわからない。

○ 用途純化か、多機能化か

　さらに建築基準法上は可能であっても、建築協定や地区計画などで独自に用途制限を掛けていることがある。30年、40年前に、子育て世代向けの良好な住環境を守るべく、住民同士で決めたルールが高齢期になって暮らしにくさを助長する。たとえば、兼用住宅であっても学習塾、華道教室などは良いが、日用品を販売する店舗や食堂（喫茶店を含む）は建築してはならないという規定がかかっていることが多い。場合によっては、まちの美観を損なうために自動販売機もダメとされている場合もある。高度経済成長期の30代、40代であれば、専業主婦が花嫁修業として身に付けた嗜みを、近隣の人に伝授するというニーズはあったであろう。時は受験戦争であり、学習塾も必要だった。店舗や食堂がなくても、外食する時代ではないし、車があって元気なら、街の中にはそのような機能がないほうが良好なまちであるという認識は理解できる。

　伝統ある建築協定・地区計画を守って、地区の資産価値を守りたいと考えるシニアも沢山いるが、その多くは、自立した元気シニアであることが多い。ま

だ車も乗れるし、アクティブであるから街の中は現状維持でよいと考えている。実際は弱ってくると、身近なところに生活利便施設が欲しくなる。しかし都市計画提案制度や建築協定のかけなおしをするまでの気力・体力はなく、そのままとなる。結局は自分自身が住みにくくなり、生活しやすい場所に移る。そのまちが、若い世代のライフデザインにふさわしい条件（通勤しやすい、子育てしやすい、働く女性がキャリアを育てやすい）であれば良いが、そうでなければ良好な住環境は守られるが空き地・空き家も増えるということになる。

▶▶▶ 3　逍遥の拠点づくり

■1 逍遥とは

　現代では、とくに目的もなくふらふらと散歩することを、徘徊と呼ぶようになった。しかし、日本には気ままにあちらこちらを歩き回る逍遥という言葉がある。健康づくりのためだとか、色々な理屈をつけなくても、四季折々、二十四節季ごとに花鳥風月を感じながら水辺をめぐり、寺社をめぐり、その時期の美味しいものを食べる。居場所の手がかりとして、逍遥があるのではないかと考えている。寺社の代わりに現代はコミュニティ・カフェでもよいし、友人宅の縁側でもよい。徒歩で歩けなくても、車いすで逍遥をすることはできる。通院や買い物のための「コミュニティバス」は消費のための乗り物のようにみえるが、コミュニティバスに乗ってふらふらと自己実現を楽しんでも良い。

■2 逍遥拠点の提案

　実際には、身体機能・認知機能が衰えてくると、ふらっと出かけるのも億劫になる。いくつか理由をあげると、たとえば10時に友達と待ち合わせをするとなると、最寄りのバス停で何時のバスに乗ればいいか。そのバスに乗るには、何時に家を出ればいいかと、時間管理が実に面倒くさい。都会ならバスの本数もあるが、地方都市では1本バスを乗り過ごすと30分以上待つことになる。こうなると友達と外出して待ち合わせをするというのは一大事で、前日から不安で落ち着かない。さらに当日が雨や雪ならどうか。ベンチもないような雨ざらしのバス停で待つことになる。トイレもない。俗説として、このような不便・

不満に対応する気力・体力に自信がなく、高齢者は2週間先の予定がたてにくいらしい。

　そこで提案したいのが、逍遥の拠点である。簡単に言えば、バス停留所と多目的集会所（ベンチとトイレが必須）が一体となったものである（図3）。たとえば住宅地で、スーパーやコンビニの前にバス停があると、そこのイートインコーナーが逍遥の拠点になっていることがある。高齢者は待つことについてはあまり気にしない。たとえば公民館や集会場前にバス停を配置して、30分でも1時間でも落ち着いて待てればよい（図4）。これを自宅に帰る（ラストワンマイル）までの休憩や待合の拠点としても良い。朝家族が出勤するときに、親を逍遥の拠点までは車で連れていく。自然に人がたまるし、交流も生まれる。高齢者の場合は、当人が気長に待つとか、そこから家まで同じ方向の知り合いに送ってもらうとか、これまで整理してきた支え合いとの連携も重要である。

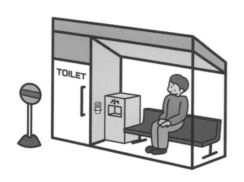

図3　バス停と逍遥の拠点イメージ（出典：著者作成）

**図4　公民館や集会場前にバス停を移動して
拠点化**（出典：著者作成）

❸ まずは速度制限やベンチの設置から

歩行に障害のある人や、子どもとともに移動する人が、自由に移動できるよう助ける移動支援機器は、電動アシスト機能やAIの導入で、近年、急速に進化している。逍遥は、必ずしも徒歩に限らない。歩ける人が安全安心に歩行できるだけでなく、こうした移動支援機器の利用も今後は想定していく必要がある。たとえば秋田県秋田市では、ワンコインバスに乗って映画を観に行くプログラムがある。車いすでもバスに乗って、友達と待ち合わせて映画を観に行くことができる時代である。

一方、大きな問題となるのが、我が国の場合は道路幅員である。バス通りでさえ幅員が6m未満の道路がある。歩道があっても対面から自転車が来たりする。対向してくる人や自転車をよけようとして、歩道と車道の微妙な段差でつまずくこともある。むしろ歩道がない方が、転倒せずに安心な場合が多い。

ちなみに80歳を過ぎた方から、車にぶつかった経験について伺うことが多い。交通事故というよりも、狭い道路でバランスを崩して徐行している車にぶつかる。車が高齢者にぶつかったわけではないので事故ではない。80代後半以上の知り合いがいればぜひ聞いてみて欲しい。これが原因で外出が嫌になった人も多い。他にも坂道がキツイところでは適度にベンチがあるとよいが、ベンチを置くだけのスペースがない。ところどころに電柱が立ち、冬場に足元に集中して歩いていると電柱にぶつかりそうになる。

2040年の超高齢社会に向けては、このような一般市街地における交通環境の改善が強く望まれる。まずは速度の制限や、6m未満道路の一方通行化、逍遥の拠点とまではいかないが、ベンチ等の設置など、身近にできることから始めていくことで「歩けなくても暮らせるまちづくり」を進めるべきである。当然、待っていても事態は良くならない。たとえば生活支援体制整備事業の協議体では、このような屋外環境についても話題となる。高齢者だけでなく、子どもの歩行、通学時の安全に配慮した近隣の歩行環境点検を行い、あらためて車と歩行者をどのようになじませるか検討していくことができる時期である。

❹ 身近な店舗や集会施設・広場等が集まる近隣・小規模・軽快な拠点の整備

2035年を目途とすれば、歩いて暮らせるまちづくりだけではなく、団塊世

代が免許を返納し、公共交通機関を利用できない程度に虚弱化しても、住みなれた近隣で自分らしい生活を営むことができることが望まれる。まちごとに、人のネットワークが濃いところを選んで、徒歩や車いす等で移動できる範囲に、基礎的な生活サービスを享受し住民同士の交流ができるような近隣・小規模・軽快な拠点の整備を図ってはどうか。

　近隣・小規模・軽快な拠点として、高齢者のネットワークのハブをふまえて、①公民館等の行政が所有する地域の中心施設や公共交通の配置、さらに②身近な店舗や集会所、自治会・町内会館、公園・広場などの必要な施設と、③移動販売やキッチンカーなどの軽快なフットワークを活かした拠点整備を考える。郵便局や金融機関などの相談なども一体的に行われる。この拠点よりも身近な高齢者の生活については、逍遥の拠点とつないでいく。まず近隣小規模拠点として、既存の自治会・町内会館、場合によっては一部が開放された個人宅などでトイレの改修等の最低限の設備更新を支援し、逍遥の拠点整備を図る。

▶▶▶ 4　結果として浮かび上がるコンパクトシティ

■1 必要なのは多様なニーズにこたえる多段階の構成要件

　ここまでの議論をふまえて、同心円状の圏域構成に代わる、多段階・多重の圏域構成についてまとめてみる[注7]。まず需要側である高齢者に着目すると、各自の生活圏域として、徒歩圏では日用品の購入や交流の拠点（400m圏）がある。信頼できる知人やなじみの店も多く、マスクと簡単な手指衛生品があれば気軽に出かけやすい範囲である。次に、対人間で一定の距離を保つなどの感染対策に気を配れば行ける駅前商店街やコミュニティセンターなどがある（800m圏）。また自転車等を利用してでかける半径2km内には大型スーパーや映画館がある。こちらは少し出かけるのに気構えがいるが、出かけた以上、ランチや喫茶を楽しみたくなる。同じ2km圏内でも、お散歩の場合は、ところどころマスクをはずして楽しんでいる人も多い。さらに2km圏以上は、電車やバス、車で行く中心地や郊外ショッピングセンターがある。個人で考えただけでも、それぞれの目的や好奇心にそって、異なる心構えのなかで、必要なサービスを得に出かけている。新型コロナウイルス流行中だからと言って、400m

圏内で我慢していたわけではない。さらには、一緒に暮らす家族のため、離れて暮らす親族が来た時のため、仲の良い友達のためと、生活環境・社会関係の段階ごとに、自身でサービスや生活利便施設を選んで暮らしている。

　次にサービス供給側に着目すると、人口規模が多ければ、民間サービスが多数ある。日中の居場所として、デイサービス（通所介護事業所）だけでなく、民間のスポーツジムが代わりなることもあるし、喫茶店やファミリーレストランの場合もある。他方で人口規模が少なくても充実したコミュニティ活動による生涯学習教室やコミュニティ・カフェなどが代わりになる地域もある。さらに現代社会においては、自宅までデリバリーしてくれるサービスが充実しているため、生活環境を支える様々な地域施設（公共公益施設やサービス施設、特に高齢者向け施設）は、そもそも徒歩圏内に配置することにこだわる必要もない。またサービス供給側の人員確保や効率性のための商圏域があり、400 m徒歩圏をサービス圏域としたのでは成立しない施設が多いのではないか。

　なお、今後対応が必要となるのは、身体的・精神的に体調が思わしくない場合に、元気なときは便利であった多段階・多重圏域構成に、自分の力だけでは

図5　逍遥で浮かび上がるコンパクト＆ネットワーク（出典：著者作成）

上手くアクセスしにくくなることである。体調が悪く、来客があるとわかって
いたが、お茶菓子も用意できず、TPOにふさわしい振る舞いができなかった
ことを、自分らしくないと悩み、歳をとったことを痛感したりする。いっそ駅
前のタワーマンションに移って、すべてが手の届く範囲にあれば便利だとは思
うのは人の情ではある。とはいえ、実際にそうなったら肝心の友達が気軽に来
れなくなる。デイサービスが安心の外出先として選ばれるのは、やはりサポー
トしてくれる方がいるからだろう。

　高齢者の暮らしの拠点が自宅だとした場合、この多段階多重圏域構成を活か
すポイントは、移動手段・デリバリーシステムになるだろう。また外出先に、
気の利いたサポートをしてくれる方がいることで、虚弱になっても安心して外
出できる。実際に、あるショッピングセンターは独自の送迎システムがあり、
さらにフードコートには認知症サポーターの資格をもった方がいて、日中ゆる
やかに見守ってくれるので、少し遠いが安心して出かけられるという話もある。

❷ 自己実現のネットワークで創り出される環境

　20年後に向けたまちづくりの大きな目標は、健康寿命の促進、地域包括ケ
アの体制づくり、自己実現のための社会参加や社会的包摂の促進である。これ
を受けとめるコミュニティの支援的環境はどのようにつくればよいだろうか。
筆者のこれまでの研究では、身近なところにある小規模な集会場・交流場所の
整備、住宅のある程度の集積がある場所での地域密着型サービス、もしくは生
活支援サービスの事業所をつなげることが重要である。その際には空き地、空
き家、空き部屋の活用と歩けても歩けなくても外出できる公共交通機関との連
携などが鍵になる。特に高齢者は日常の逍遥の過程で、これらを使い育ててい
くことになる。

　これは言うまでもなく、行政、企業、市民の協働のまちづくりで進める必要
があり、分野横断的施策が求められる。このようなまちづくりは、個人のライ
フスタイルを核に行われるものだが、そのつど政策がバックアップしてネット
ワーク化される。そのため拠点となる施設を核として同心円状に自然に広がる
というよりも、多段階・多重圏域構成として捉えて、ある程度機能やニーズが
集積する場所を、一時的に、近くて、小規模なハブとして、お墨付きを与えた

り、バリアフリー投資をすることにより（たとえば、それが町内会館ならトイレを和式から洋式に変えてあげるとか）、創り出していくことが必要となるだろう。これでは選択と集中というには選択肢が多そうに思えるが、大規模な拠点に集中してかえって使われないよりは持続可能性がある。もちろん20年後に投資したすべてのハブが残るとは思わないが、それでも高齢者に限らず世代を超えた住民が育んだローカルなサブカルチャーが生まれ、徐々にハブが形成されネットワーク化されることで、コンパクトシティ（図5）が浮かび上がるのではないか[注8]。

注
1　アーネスト・バージェス他（1972）『都市――人間生態学とコミュニティ論』大道安次郎・倉田和四生訳、鹿島出版会
2　都市生態学研究の意義は、都市が自然の摂理で同心円状に広がることを発見したというよりも、同心円という枠組みで都市や農村等をスタディの対象として、比較・分析できるようにしたことにあるだろう。
3　渡辺俊一（1977）『アメリカ都市計画とコミュニティ理念』技法堂
4　デビッド・ハーベイは、都市生態学に対して、政治経済によって創り出された都市という観点で論じている。
　　デビッド・ハーベイ（1991）『都市の資本論――都市空間形成の歴史と理論』水岡不二雄監訳、青木書店、原著：*The Urbanization of Capital*,（Blackwell, 1985）
5　Kahn,R.L. & Antonucci,T.C.（1980）*Convoys over the Life Course: Attachment, Roles, and Social Support.In: Baltes, P. B. and Grim, O. G., Eds.,Life Span Development and Behavior, Vol. 3,* Academic Press, New York, 253-286.
6　国土交通省：2040年、道路の景色が変わる――人々の幸せにつながる道路
7　本章における多段階多重圏域構成は、東京大学高齢社会総合研究機構において、東日本大震災の復興まちづくりプロジェクト等を通じて、大方潤一郎氏が考案したものである。
　　大方潤一郎（2019）「熟成期における包摂と支援の生活圏を共創する計画制度」『雑誌都市計画』338号84-87、日本都市計画学会
　　後藤純・大方潤一郎（2017）「第17章　住宅政策・まちづくり」『東大がつくった高齢社会の教科書』東大出版会
8　このような都市計画の在り方として、ヒーリー（1997）を参考にしている。
　　Patsy Healey（1997）, *Collaborative Planning- Shaping Places in Fragmented Societies*, Palgrave Macmillan.

終章

超高齢化を社会全体のチャンスに

▶▶▶ 1　総合的なまちづくりに踏み切れない理由

■ 担当部局はどこか

　超高齢社会への対応は、人口の高齢化だけでなく、ライフスタイルの問題、地域コミュニティの高齢化、もしくは地域コミュニティが世帯単位から個人単位（リベラル化）に変化したことなど、多様なテーマを統合的に扱う必要がある。とりわけ、これまで投資してきた地域資源が世帯単位型、大規模拠点施設型などで現代的なニーズに合わず、アップデートが必要になっている。

　しかしこれは一体、どこの部局が担当する政策だろうか。地域包括ケアシステムの観点では、福祉系部局が担当し健康づくりや介護予防に資するコミュニティ支援が行われている。しかし老朽化する公民館や集会場の問題、生活圏域における道路幅員と歩行環境の問題、空き家・空き地の問題、公共交通やアクセシビリティの問題、長期低迷している自治会・町内会などの地縁組織の問題、NPO等の市民活動団体との互助での連携などを、すべて福祉系部局が仕切れるわけではない。

■ お荷物と見られがちな高齢者

　関係部局が担当者を出し合ってタスクフォースをつくり、市全体の方針とコミュニティごとに住民を巻き込んだ戦略（コミュニティ戦略）づくりが必要になるが、いまのところそのような動きは見えない。その要因について 2 点ほど

考察する。

　一つは、このような部局横断の政策統合に取り組んでも、介護保険料や社会保障費の節約にはならないということであろう。高齢者の健康づくりが進めば確かに長生きするだろうが、長生きすればするだけ社会保障費は増えるのである。

　二つ目は、消費面でみて、高齢者は家を買うわけでもないし、食べる量も減るため、積極的消費集団としてはみなされていない。特に地方都市に顕著なのは、高齢者施策よりも子育て施策重視である。住宅ローン、教育ローン、生活費を大量に支払って市場にキャッシュフローを発生させてくれる子育て世代を誘致するほうに、積極的に政策投資したいという流れである。都市部においても、郊外住宅地よりも中心部への政策投資（容積率ボーナスも含めて）が行われている。

　ざっくばらんに言えば、「高齢者は金がかかるのに、金は使わない」ので、積極的に政策を統合する意義がないと思われているのではないか。しかし、このような見方を大きく変えるべき時が来ている。

▶▶▶ 2　消費のアーバニズムから自己実現のアーバニズムへ

■ 消費者としてみた高齢者

　高齢者は消費集団としてみると価値が低い。たとえば高度経済成長期のアーバニズムは、集合的消費を重視してきた[注1]。地方都市においては、駅前をなるべくウォーカブルにして、若い世代・子育て世代に来てもらい、飲食やショッピングでお金を落としてもらいにぎわいを創造（活性化）したくなる気持ちもわかる。特にこのような若い世代の消費が郊外ショッピングセンターに取られてしまっている点で、それを街なかで取り戻そうとする気持ちもわかる。高齢化した中心市街地は、圧倒的に消費量が少なく、せっかく再開発で誘致したスーパーも撤退してしまう。

　他方で高齢者はかなりの資産を有するし、自己実現という点では引き続き経済を牽引していく価値ある主体である。モノ・サービスの供給による消費社会から、たとえばシニアによる起業・創業を支援し、自己実現型の需要を掘り起

していくような新しいアーバニズムを展開する時期ではないか。

❷ 自己実現から生まれるサブカルチャー

　この数年シェアを標ぼうする居場所が増えてきた。喫茶店、コインランドリー、銭湯など様々である。大手資本というよりも、地元の不動産屋とタッグを組んだローカルな取り組みである。超高齢社会は、やはり一人ひとりの生き方が個性的である。自分の個性とよく似た人や同じ興味関心のある人たちを選んで、共感を育み、地域の中で小さな縁をつなぐ。いわばサブカルチャー集団である。サブカル集団が地域で物理的な場所を見つけて、応能応益負担で活動する。すべてがすべてそうなるわけではないが、サブカルが大きな社会的欲求とつながって、ローカル・カルチャーを生み出し、これが観光等外貨獲得につながることもある[注2]。

　集合的消費の視点からみれば、自己実現の機会は曖昧でとらえにくいだろう。しかし地域包括ケアシステムや自立支援介護では一人ひとりの自己実現を、対話を通じて支援している。自己実現の機会創造はいまや無視できない。地方都市では、子育て世代誘致のために、医療費・住居費等を安くし、保育園等の子育て支援施策に力を入れているが、地方都市に生まれた 20 代、30 代の女性が都市部に流出している現実がある。女性は、生活費が安い、保育園が入りやすいだけではなく、自分自身のキャリアやライフスタイルを発展向上させる（自己実現の）機会を求めている。女性おひとり様高齢者も今後増えていく。毎日充実して暮らせる自己実現の機会にまちとしての投資が必要である。

▶▶▶ 3　社会保障経済という考え方

❶ 社会保障費も GDP に貢献している

　高齢者が社会保障財源を湯水のように使い、これを若い世代が支えるという見方は一方的である。むしろ我が国にとって、超高齢化・長寿命化は、魅力的なコンテンツであり（ハイカルチャーではなくサブカルチャーとして）、彼らの自己実現が新しい経済を築くと考えることもできるのではないか。

　社会保障経済という考え方がある[注3]。医療・介護・子育て・福祉など、これ

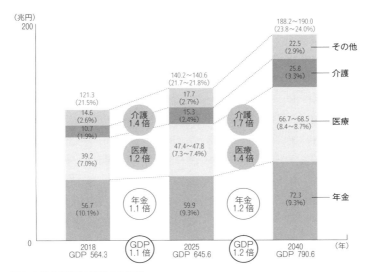

（兆円）
200

121.3
(21.5%)

140.2〜140.6
(21.7〜21.8%)

188.2〜190.0
(23.8〜24.0%)

| | 2018 GDP 564.3 | | 2025 GDP 645.6 | | 2040 GDP 790.6 |

14.6 (2.6%)
10.7 (1.9%)
39.2 (7.0%)
56.7 (10.1%)

介護 1.4倍
医療 1.2倍
年金 1.1倍
GDP 1.1倍

17.7 (2.7%)
15.3 (2.4%)
47.4〜47.8 (7.3〜7.4%)
59.9 (9.3%)

介護 1.7倍
医療 1.4倍
年金 1.2倍
GDP 1.2倍

22.5 (2.9%) その他
25.8 (3.3%) 介護
66.7〜68.5 (8.4〜8.7%) 医療
72.3 (9.3%) 年金

図1　将来の社会保障給付費の見通し（出典：財務省 WEB サイト https://www.mof.go.jp/zaisei/aging-society/society-estimate.html）

らはすべて需要であって、社会保障費は集められた税金であるが、高齢者の多い地方都市などにしてみれば、消費は増えなくても、介護という需要は増えていく。2014 年に社会保障費は約 115 兆円であったが、財務省の資料では（図1）2040 年には 190 兆円に上ることが推計されている。この 190 兆円という予算は、溶けてなくなるわけではなく、我が国の GDP を押し上げることにも貢献している。

② 雇用実績、経済効果

　他にも、我が国の産業別就業者構成は、2017 年度に卸売・小売業 17.1 ％、製造業 15.5 ％、医療福祉 12.4 ％であり、医療福祉は約 800 万人の雇用先となっている。2040 年には卸売・小売業製造業 15.6 ％と減少し、製造業 16.8 ％と医療福祉 16.2 ％は肩を並べ、就業者では約 1000 万人となる[注4]。

　また高齢者の労働生産性は 40 歳未満のそれとほぼ同様といわれている。たとえば前田（2019）[注5] の試算によれば、65 歳以上の高齢者の労働力率が男性 45 ％（2018 年度で 33.9 ％）、女性 20 ％（同、17.6 ％）と上昇した場合、実質

GDP は 2.98 ポイント向上する。2025 年の GDP が 645.6 兆円とした場合、約 20 兆円の経済効果がある。

　さらに高齢者の就労を促進するには、高齢者が働きやすい社会とするために、職業訓練機会の確保、雇用環境の改善、賃金と年金の関係などいくつか見直すことが重要である。特に人手不足の中小企業では、シニアに期待をしつつも、シニア就労をバックアップする体制を独自に創り出すことは難しい。そこでこの経済効果を実現するために、シニアの働きたい複数の時間をモザイクのように組み合わせるモザイク型就労のためのツール「GBER（ジーバー）[注6]」、高齢化する農家を IoT などを利用して支援するプロジェクトなど、積極的な技術革新と活用が同時に見込まれる。

　そして高齢者マーケットの市場規模は 100 兆円といわれているが、高齢者のニーズがつかみにくいこともあり、介護保険等の社会福祉法人等による取り組みを除けば、民間事業者による新規参入が少ない。産官学民連携により、超高齢社会ビジネス産業の発展を実現させるため、医工連携や農福連携など、異業種間連携が求められる。これは世界の高齢化に対してもビジネスチャンスにつながる。情報・デジタル産業は、高齢者マーケットでは大きな位置を締める。情報基盤整備の見通しなど必要な情報を提供し、特に 20 代、30 代の新規事業者を誘致してはどうか。

❸ セカンドチャンスにあふれるまち

　日本語にしにくい言葉に、セカンドチャンスという言葉がある[注7]。失業したり、障害を持ったり、貧困に陥ると、一巻のおしまいと思ってしまい自暴自棄になる人も多い。他方で、ここまで紹介してきた通り、生きがい就業、生きがい起業、リビングラボ、生活支援体制整備事業などを活用し、高齢者自身が病気や障害を抱えながらも、自己実現を目指せるまちづくりが始まっている。脳梗塞や大腿骨頚部骨折から復帰してコミュニティ活動やコミュニティビジネスを始めるといった例もある。超高齢社会はセカンドチャンス、サードチャンス、何度でもその時の状況に応じて、チャレンジできる社会であると、シニア層から現役世代に対して伝えることはできないだろうか。もちろん高齢者も第 2、第 3 のリタイアを迎える時がくる。その時には、若い世代が、たとえば心なら

ずの失業、心身を病んで休業、離婚等により働き方を変えなければならなくなったといった場合に、シニアのコミュニティビジネスを手伝ったり、継承したりしながら再起を図るというのは、夢物語だろうか。

　いずれにせよシニアの年金、医療費、介護費、預貯金が、地域の若い世代の給与となり、地域のまちづくりに使われていく道筋を考えていく必要がある。若者よりも金融資源をもつ元気な高齢者の需要を掘り起こしていく。超高齢社会の地域振興政策が重要である。

▶▶▶ 4　エイジフレンドリーシティのモデルを目指して

■ 生涯活躍のまち

　日本における超高齢社会対応の統合的かつ高齢者需要を引き受ける取り組みとして、期待しているのは、地方創生の一環である全世代型生涯活躍のまち政策である。元々は、米国のようなリタイヤメントコミュニティを目指して始まった政策であるが、地域ごとの創意工夫と当事者との対話によって、超高齢社会の新しいイメージを具現化させ、必要な機能をアップデートさせている。生涯活躍のまち政策は、シニアの「活躍・しごと」「交流・居場所」「住まい」「健康」の四つの機能とともに、地方移住としての「人の流れづくり」の五つを統合した政策である。ここまで論じてきた、高齢者の自立と尊厳、地域包括ケアシステム、健康づくりと自己実現などに複合的に挑戦しているまちづくりである。代表例として、石川県の社会福祉法人仏子園（理事長　雄谷良成）による、石川県金沢市の〈シェア金沢〉は有名である。国立病院機構の跡地を活用して、高齢者・障害者・大学生等が一緒に住み、働き、地域の人と交流する団地である。

　また輪島市の〈輪島カブーレ〉（図2）は、輪島市全体を舞台に、まちの中にある空き家を活用して、サービス付き高齢者向け住宅、グループホーム、スポーツジム、温泉施設や蕎麦屋、多世代交流拠点、障害者就労支援サービス、児童発達センターなどをビルトインさせ、漸進的にまち丸ごと生涯活躍のまちに変えていこうとする取り組みである。街なかの移動手段には、ナンバーを取得した電動エコカートを走らせて、アクセシビリティの確保を行っている。

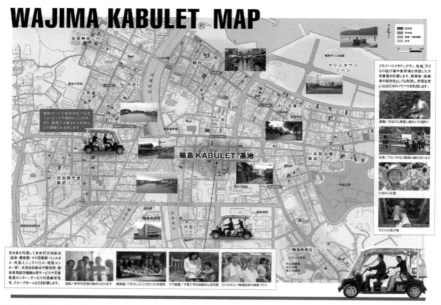

図2　輪島カブーレ（出典：輪島 KABULET 提供）

2 エイジフレンドリーシティ政策

　世界レベルに目を向けると、統合的な高齢社会対応の施策として、エイジフ
レンドリーシティ（Age Friendly City：AFC）政策がある。AFC は世界的な
高齢化と都市化に対応するため、「高齢者を含むすべての人にとってアクセシ
ブルな物的空間的環境とインクルーシブな社会的環境をつくるための国際的な
指針を与えるもの」である。

　その実現のためのプログラムはおおむね三つあり、一つは「AFC の八つの
トピックス」（図3）について都市性能を検証し課題を整理、二つ目はその課題
を解決するための行動計画を行政・住民・企業等と策定し実行する、三つ目は
5 年間を計画期間として事後評価を行い次期計画へと反映させるというもので
ある。この AFC 行動計画を策定することで、WHO が主催する AFC ネット
ワークに参加できる。2023 年 1 月現在 51 か国・1445 都市が加入、日本は 24
都市が参画している。2019 年 3 月に世界の AFC ベスト 11 が発表され、日本
からは秋田県秋田市が選出されている[注8]。

図3　AFC の八つのトピックス（出典：秋田県秋田市エイジフレンドリーシティ行動計画）

　世界標準の都市のプランニングは、物的環境の整備だけでなく、公衆衛生、地域コミュニティの活性化、産業政策なども含めて、空間的、時間的、機能的に他の施策と一体的総合的に調整されて実施される。日本においては、どうしても縦割りの部門別計画であることが多い。エイジフレンドリー性能指標を用いて、八つの政策領域において物的環境と社会的サービスの連携度合いを評価しながらプランニングを進める点に、独自性がある[注9]。

③ 世界の超高齢化のモデルをめざして

　先進国では 1998 年頃から、子供の人口よりも高齢者の人口が上回っており、また 2050 年までには欧州・北米においては高齢化率が 25％になると予想されている（図4）。先進国だけでなく、BRICs などの新興国においても、65 歳以上人口の割合が急増し、特に 80 歳以上の単身女性の増加などが予想されている。国際的には SDGs により環境問題と両立した持続可能な開発が図られているが、同時に、今後 20 〜 30 年は、都市化した地域における、特に中堅所得層の高齢社会対策が重要なテーマである。たとえば、米国は、2035 年頃、ベビーブーマー層の高齢化がピークを迎え、7500 万人が高齢者となる。日本の高齢者人口の約 2 倍と考えて、同額の社会保障費が必要だとすれば、年間約 350 兆円が必要となる。世界中の国が、社会保障のあり方とともに中堅所得層の自己実現を視野に入れた超高齢社会に取り組まなければならず、日本が世界に向

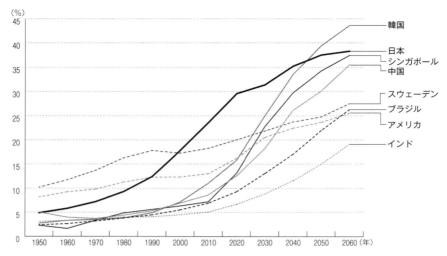

図4　世界の高齢化率の推移（出典：UN　World Population Prospects 2022 をもとに、著者作成）

けて新しいまちづくりのモデルを提案していく、またとない機会である。

注
1　マニュエル・カルテル（1997）『都市とグラスルーツ——都市社会運動の比較文化理論』石川淳志
　　監訳、法政大学出版局
2　大澤真幸（2018）「サブカルの想像力は資本主義を超えるか」『KADOKAWA』
3　金井利之（2016）「『地方創生』に対する自治体の対処方策」愛知県西尾市市議会研修議事録
4　労働政策研究・研修機構（2019）「2018 年度版　労働力需給の推計」
5　前田泰伸（2019）「高齢者の就業について——何歳まで働けるのか、働くべきか」『経済のプリズム』
　　No180 2019.9 2
6　東京大学先端科学技術研究センターの檜山敦氏が開発する、シニアのためのジョブマッチングアプリ。
　　「GBER（ジーバー）」 http://gber.jp/
7　ギデンズ（2002）では、セカンドチャンスをやり直しの機会と定義している。
　　アンソニー・ギデンズ（2002）『右派左派を超えて——ラディカルな政治の未来像』松尾精文・立
　　松隆介訳、而立書房
8　秋田県秋田市エイジフレンドリーシティの概要
　　https://www. city. akita. lg. jp/shisei/hoshin-keikaku/1011481/1004689/1005192. html（2022.10 月
　　閲覧）
9　後藤純・大方潤一郎（2017）「エイジフレンドリーシティ行動計画の特徴と意義——秋田県秋田市
　　のエイジフレンドリーシティ行動計画策定プロセスのケーススタディ」『都市計画論文集』52 巻 3
　　号、日本都市計画学会、p. 975-982、

おわりに

　まちづくりでの本書の使い方を紹介したい。まず身近な人を集める（5〜6人）。気になる章を一つ取り上げて、自分はどうしたいのかを語り合う。これを2〜3回続ける。するとお互いの共通点や不安などがわかり、自分の本音に気づく。これだけである。これだけであるが、「何か、活動をはじめてみよう」という展開になる（10章5節参照）。郊外住宅地の再生、復興まちづくり、医療介護職による地域づくり、自治会、地区社協、民生委員などでお住まいの地域を高齢化対応させていきたい方には、ぜひ本書を活用していただきたい。結局は、想いのある人が、自分で調べて、小さく始めていくことでしか、新しい社会を拓くことはできない。

　私は都市計画・まちづくりを専門として、2010年から高齢社会の研究を始めた。超高齢社会が到来するといわれていたが、どういう地域社会と生活空間を創ると幸せになれるのか、そのビジョンがない。統計データ等を集め、アンケート調査をしてみたが、結局、何が重要なのか良くわからなかった。一方で、「こんなに長生きするはずじゃなかった」という本音が、多数集まった。退職して、肩書・学歴・年収の多寡を競わなくなった男性は、どのような生き方を目指しているのか。おひとり様女性は、どのような不安を抱えながらも、自分らしく愉しく生きていく決意をしたのか。当事者に尋ねてみないと、わからない。そこで、団塊シニアの集い、しらけ世代の集い、墓守娘の集いといった同世代が、どのような暮らしがよいか、親世代と何が違うかなど語り合う企画を通じてニーズを把握した。また、このニーズの把握も一工夫必要であった。集めたニーズを一旦整理し、再度当事者に投げかけてと、対話を繰り返して本音を見える化（形象化）した。本書はこの段階で得られた知見をまとめている。

　次の段階は、ニーズの解決方法について、皆で知恵を出し合って計画・戦略をたてる。さらに、その実現は（予算がないから）住民同士でできることを協働で行うしかない。手順にすれば簡単だが、実際には高齢者の数と生きてきた歴史の分だけ、ゴールが異なる。私は、いまこの段階で、苦戦している。本書を書いた理由は、超高齢社会対応のまちづくりに、全国各地、多様な専門家が分野横断的に取り組む際の叩き台になればとの思いである。

超高齢社会のまちづくりのビジョンを一旦まとめると、一人ひとりが自分に似た興味・関心を持つ仲間を探し出し、新しい社会的関係を築くための多様な機会と場所を用意すること。そのような個性的な人たちが、どのような心身の状態にあっても、「自分自身がまちにとって重要なコンテンツだ」と自信を持てるような機会と場所を用意すること。その人たちが多彩な関心や特技をまちで披露して展開していく機会と場所を複数用意することである。このような流動的だが個性的な活動が広がる場を核にすることで、超高齢社会のコンパクトシティが浮かび上がってくると考える。

謝辞

　本書は、東京大学高齢社会総合研究機構（IOG）時代の実践に基づいています。全国各地で研究に協力してくださった、医療介護専門職、自治体職員のみなさん、そして住民のみなさんにお礼を申し上げます。みなさんの実践、協力と2次会での本音のおかげです。今後ともご協力をお願い申し上げます。

　IOGの秋山弘子先生、辻哲夫先生、飯島勝矢先生、鎌田実先生、原田昇先生には、様々なチャンスを与えていただきました。また都市計画・まちづくりの分野にて研究を深めていく点では、大方潤一郎先生、小泉秀樹先生から多くのご指導・ご助言をいただきました。心よりお礼申し上げます。同僚だった研究者のみなさん、学生のみなさん、職員のみなさんにも助けていただきました。特に、いつも相談に乗ってくれた久保眞人さんには、心よりお礼申し上げます。そして、分野を超えた議論のために実態を整理分類していく枠組みづくりは、渡辺俊一先生の影響が大きいです。本書は、お名前をあげれば本1冊分になるくらい、様々な方との縁に支えられています。

　また本書が完成したのは、細部まで読んで示唆をあたえてくださった、編集者の前田裕資さんと越智和子さんのおかげです。コメントをいただくたびに、何を伝えなければいけないのかが明確となり、また励まされました。心よりお礼申し上げます。

　最後に、自由に研究を進められたのは、私を支えてくれた家族のおかげです。心より感謝しています。

2023年3月　後藤　純

◆著者略歴

後藤　純（ごとう　じゅん）

東海大学建築都市学部建築学科特任准教授。博士（工学）
1979年群馬県生まれ。東京理科大学大学院理工学研究科建築学専攻修士課程修了。東京大学大学院工学系研究科都市工学専攻博士課程単位取得満期退学。2010年より東京大学高齢社会総合研究機構特任研究員、特任助教、特任講師を経て、2020年より現職。
専門は、都市計画、まちづくり、ジェロントロジー（高齢社会総合研究学）。
在宅医療を含む地域包括ケアシステムの構築、超高齢社会に対応した復興まちづくりや郊外住宅地の再生など、分野横断型共同研究に取り組む。
著書に『コミュニティデザイン学』『地域包括ケアのすすめ』『高齢社会の教科書』（いずれも共著・東京大学出版会）など。

超高齢社会のまちづくり
地域包括ケアと自己実現の居場所づくり

2023年4月15日　　第1版第1刷発行

著　　者　後藤　純

発 行 者　井口夏実
発 行 所　株式会社 学芸出版社
　　　　　〒600-8216　京都市下京区木津屋橋通西洞院東入
　　　　　電話 075-343-0811
　　　　　http://www.gakugei-pub.jp/
　　　　　E-mail info@gakugei-pub.jp

編集担当　前田裕資・越智和子

DTP・装丁　KOTO DESIGN Inc.　山本剛史・萩野克美
印刷・製本　モリモト印刷

©後藤　純　2023　　　　　　　　　　　　　　Printed in Japan
ISBN978-4-7615-2846-1

本書の関連情報を掲載
https://bit.ly/3mmovLx

好評既刊

認知症にやさしい健康まちづくりガイドブック　地域共生社会に向けた15の視点

今中雄一 編著

A5判・188頁（カラー32頁）・本体3000円＋税

認知症の当事者やその周辺で支える人たちにとって安心なまちは、どうすれば実現できるだろうか。本書では、医療や介護の視点にとどまらず、人権や年金などの社会保障、ICTや都市計画・交通サービスといったインフラまで幅広い角度から、全世代にやさしく健康な"地域共生社会"を構想するためのキーポイントを解説する。

福祉と住宅をつなぐ　課題先進都市・大牟田市職員の実践

牧嶋誠吾 著

四六判・224頁・本体2000円＋税

超高齢化・人口減少・生活困窮にどう立ち向かうか。著者は建築のバリアフリー化、市営住宅の福祉拠点への再編、居宅介護サービスの推進、市営住宅や空き家を活かした居住支援を、住宅と福祉部局をつないで切り拓いた。課題先進都市・大牟田の鍵はここにある。その実践から自治体職員だからこそできる地方再生が見えてくる。

コミュニティカフェ　まちの居場所のつくり方、続け方

齋藤保 著

四六判・232頁・本体2000円＋税

誰もがふらっと立ち寄れ、居心地の良い空間を楽しめる。出会いがあり、交流が生まれ、地域活動やまちづくりにつながることもできる場。そうしたコミュニティカフェの魅力と、運営のノウハウを各地の事例も紹介しながら紐解く。著者は開設15年を迎える港南台タウンカフェを主宰し、全国で開設・運営の支援に携わっている。

社会的処方　孤立という病を地域のつながりで治す方法

西智弘 編著／西上ありさ・出野紀子・石井麗子 共編

四六判・224頁・本体2000円＋税

認知症・鬱病・運動不足による各種疾患…。医療をめぐるさまざまな問題の最上流には近年深まる「社会的孤立」がある。従来の医療の枠組みでは対処が難しい問題に対し、薬ではなく「地域での人のつながり」を処方する「社会的処方」。制度として導入したイギリスの事例と、日本各地で始まったしくみづくりの取り組みを紹介。

インクルーシブデザイン　社会の課題を解決する参加型デザイン

ジュリア・カセム・平井康之・塩瀬隆之・森下静香 編著

A5判・200頁・本体2300円＋税

インクルーシブデザインとは、子ども、高齢者、障がい者など、特別なニーズを持つユーザーをデザインプロセスに巻き込み、課題の気づきからアイデアを形にし普遍的なデザインを導く。英国発の概念から日本での実践まで、社会的課題を解決する参加型デザインの方法論。誰かのためのデザインから、誰もが参加できるデザインへ。

福祉転用による建築・地域のリノベーション　成功事例で読みとく企画・設計・運営

森一彦・加藤悠介・松原茂樹他 編著

A4判・152頁・本体3500円＋税

空き家・空きビル活用の際、法規・制度・経営の壁をいかに乗り越えたか。建築設計の知恵と工夫を示し、設計事務所の仕事を広げる本。企画・設計から運営まで10ステップに整理。実践事例から成功の鍵を読み解く。更に技術・制度、地域との関わりをまとめ、海外での考え方も紹介。「福祉転用を始める人への10のアドバイス」を示す。